馬背上的舞步

Dancing On The Horse

非洲奇緣

洪玉芬——著

目錄

輯二——海角天涯

輯三——沙海跫音

【推薦序】

她，最接近非洲

林文義

書房一直掛著非洲肯亞木雕面具，那是二十年前版畫家何華仁旅行回來送我紀念物。舉目即見，我不由然想起：洪玉芬。

是啊，記憶回返二〇一四秋遠景版：《雜貨商的兒女》為她寫序。出身於海峽對岸小金門，輔大歷史系，竟然是往後最了解非洲大陸、且以信實的散文真切留記。

洪玉芬，半生的旅程竟然是我們所不知道的：非洲。西洋史話及其高傲、鄙視的人文觀點皆是自以為是，未接納文明的土著、黑人的偏見；洪玉芬竟然是第一個解謎人。

穿過換日線六千公里的夜間飛行，現實是商務，理想是文學，洪玉芬如此沉定且凜然的寫下這本新書的文字！

大漠千里不懼行走，作家和貿易商合體的女子，一再的與人初識，近而相知疼惜；

這本書正是印證半生的：非洲記憶。歷史不是西方誤認的「黑暗大陸」，慧質明晰的洪玉芬終於用理解、悲憫情懷留記此一獨具風格的作品。

異鄉人相對異鄉人，這是美麗的邂逅與重逢。做為讀者的我們由於洪玉芬這本書，真切地初識非洲壯濶的人文風情；不是旅遊書的另類散文，作家分享一種知性與感性的生命哲學，行經天涯路的溫暖回眸。回到作家身分的洪玉芬是我由衷的印象，文字有她圓融、悲憫的情懷；去到熟稔的異國，慧眼四方，賣花的街邊女子都有未來的幸福祈許、摩洛哥的奢華再奢華，她置身而不豔羨，反倒是埃及旅遊可愛的小馬令她念念不忘。

海鷗的描寫，印度洋潮湧如歌，是否就是少女時代原鄉的逝水年華？文學眷愛，商場對決，她是如此的凜然、自在。如果有所哀傷，現實偶一折逆，相信隱忍眼淚片晌之後，含笑臨鏡，毅然決然拿起筆來！是啊，寫下心情此時此刻，這應該就是洪玉芬的人格與風格的堅持形之生命特質吧？

新散文集《馬背上的舞步》賦予讀者從陌生到親炙的見識，不止是：非洲異國風情，更多的是一位溫柔、勇敢的作家在嚴酷的貿易商旅大半生的分享悲歡交織的情懷；溫暖回眸是她，引領你悅讀：非洲。

【推薦序】

還好我們有洪玉芬

吳鈞堯

寫作身分多元，可以餵養的養分也多。國內常見作家與學者雙核心，林文月、鍾怡雯、陳大為、唐捐、郝譽翔、柯裕棻、石曉楓、吳明益、李欣倫、楊佳嫻、言叔夏等不同世代，閱讀簡介，教授都基本位階，再與散文、新詩、小說合體，教與寫相長，不折不扣學以致用，讓人生羨。

依此來看，洪玉芬作家與企業家雙核心，寫作之路注定與眾不同。自古以來文學、金錢難兩全，這般結合常見扞格，不像聯結車更像火車對撞，所以絕少企業經營與寫作兼善的奇葩。還好我們有洪玉芬，為我們做到了。

洪玉芬公司位於長安西路，我曾經到訪過幾回，從最早她身為公司主力，跑遍全球一百多個國家，後來退休的先生、學有專長的兒子加入經營，攜家帶眷衝刺事業。一加一當然大於二，同時也讓她的身分更多樣，總經理、妻子、母親，必須用超合金鏈條，才能鎖好，所以會讀到洪玉芬在機場忙著找兒子，擔心他怎麼沒搭上預訂的班機；從母親角度出發，才能人飢己飢，到訪奈及利亞聽聞重大車禍，悲從中來，業務參訪如同悼亡之旅。

洪玉芬做為台灣商旅代表成員，經歷台灣在國際地位的轉移，見證中國強勢，以政治力、經濟力介入非洲、中東等區域，反觀台灣影響力如同潮退。潮退有潮起的時候，正是相信她與代表團的努力，能夠發揮作用，秉持雖千萬人吾往矣決心，洪玉芬與她的塑膠日用品加工機器成為台灣驕傲，蹲踞在各國廠房，為許多企業、數萬家庭貢獻，這必須有蠻力、傻勁，才能逆轉勝，於沙漠引水，成為綠帶植被。

機械的作用力變成文學的能量，在於洪玉芬不只賣出機器，也賣出人情。於是會讀到她陪同遠自蘇丹來的技師，在台灣找了好幾處廠房，只為多年前一組老零件，費耗時間比賣出一架機器還長，洪玉芬全程陪同翻譯，終於化不可能為可能。洪玉芬售出的機器不只插電，還外接了台北營運核心，她是企業家，更是國民外交大使。企業營運要緊，國家尊嚴更不可失。

這一些累積，成為洪玉芬抒發的能量，在剛性機器中，找到柔性線條，人事物是踏履中的一餐、一段河景、一串駝鈴，或者蒙著頭巾的女人，離鄉背井成為非洲驕傲的中東人。一部機器，一張合同，說明文的背後滿滿是抒情，數字與文字本來各自傾斜，而今平衡為融合產業與散文的好作品。

〈馬背上的舞步〉談企業經營與台灣競爭力，以及難得的放風時光，一躍上馬背，顛簸中，先天下之憂而憂，「沙路，崎嶇、凹凸不平，難以行走，像極了我的埃及歷史行旅……我小心翼翼，順尼羅河的流向，一步步踩過河流流過的土地，無論沼澤或乾旱、富庶或貧瘠……天地一線，望去似無盡頭，個人渺小如沙海中之一粒」。〈安哥拉的白日與黑夜〉，「當白日退去，夜已深，這場意外，一個我不知的數字，神祕、迷惑如黑夜，把我自白日的浪漫推開，來到黑夜，一個我不知的世界」。

企業家篤實性格做為先發，跟上散文家擇景發抒，洪玉芬外景與內在兼具，不忘做為台灣人職責，跟生為人的浩歎，在乾燥處適時灑水，於柔情處收束提問，材質不同本來難以黏補、焊接，洪玉芬行雲流水間，為沒有表情的機器，開一朵微笑花蕊。

【推薦序】

深入非洲的黑暗之心

郝譽翔

旅行，向來是台灣當代女性文學的重要主題之一。早在一九七〇年代，三毛就隻身勇闖天涯海角，以《撒哈拉的故事》在華人世界掀起了一股旅行探險的熱潮，而繼之者如鍾文音、李欣倫等，也大膽深入異地，從西藏高原到印度偏鄉，都留下了她們精彩的足跡和作品。

但即使已經有了如此多女性旅行文學的作品，當我讀到洪玉芬《馬背上的舞步》，還是不禁感到大大的驚喜。因為這本書實在太特別了，洪玉芬不僅是一位女性的旅人，更是一個事業有成的企業家，而且她工作談生意的地方，居然是遙遠的非洲。也因此《馬背上的舞步》和台灣過去的女性旅行文學截然不同，在書中沒有浪漫異國情愛，或是自我放逐，洪玉芬反而是腳踏實地的深入非洲商場，拚搏訂單，因此結識了許多生意往來的夥伴，彼此之間惺惺相惜，情感不假修飾，樸素懇切而動人。

從〈一滴清淚〉中在非洲打拚的黎巴嫩商人M，〈烈日下的椰棗樹〉喀土木城的農場主人，〈她名叫 Madame〉的 Madame，乃至〈殘缺的星移〉奈及利亞工業城卡諾的黎巴嫩母親等等，都成了洪玉芬在旅行從商的過程中，一道又一道不可或缺的特殊身影，他們就像是從奇譚《一千零一夜》中幻化出來的人物，而身後都藏著說不盡的故事，竟比起非洲奇麗的自然風光，令人更加思之難忘，百感交集。

也因此，我特別喜歡洪玉芬從人的角度切入非洲，打破了一般台灣人的刻板印象，以為非洲不是落後髒亂，要大草原上的浪漫獵遊（Safari），或三毛筆下美麗的撒哈拉。然而洪玉芬卻是從實際的商戰角度，而見證到了這塊黑色大陸在現代化中崛起的過程，以及在大環境動蕩不安下的掙扎，在那兒無奇不有，既有不公不義、肉弱強食的黑暗面，卻也有人情溫暖，展露出堅韌人性的一面。而在這個時候，洪玉芬就不再只是一位縱橫商場的女企業家了，她更是一位溫柔、細膩而慈悲的文學家，而唯有文學的同情和理解，才能夠帶領我們穿越膚色、語言和文化的疆界，從而進入非洲深邃的黑暗之心。

我也和洪玉芬一樣，旅行時最愛觀察，也最難以忘懷的，不是美食，也不是風景，而是那些來自於不同國度的人，他們的生命，就是歷史和地理所交揉而成的產物。所以我要特別感謝洪玉芬寫下了這本書，為從未造訪過非洲的我，打開了這一扇認識的門窗，既不帶一點歧視偏見，更沒有擦脂抹粉的異國情調，而只有活潑潑的生命力，從中滋長而出好看又真實的故事，而故事沒有完，還在那塊遙遠的大陸繼續上演著。

非洲各國國名

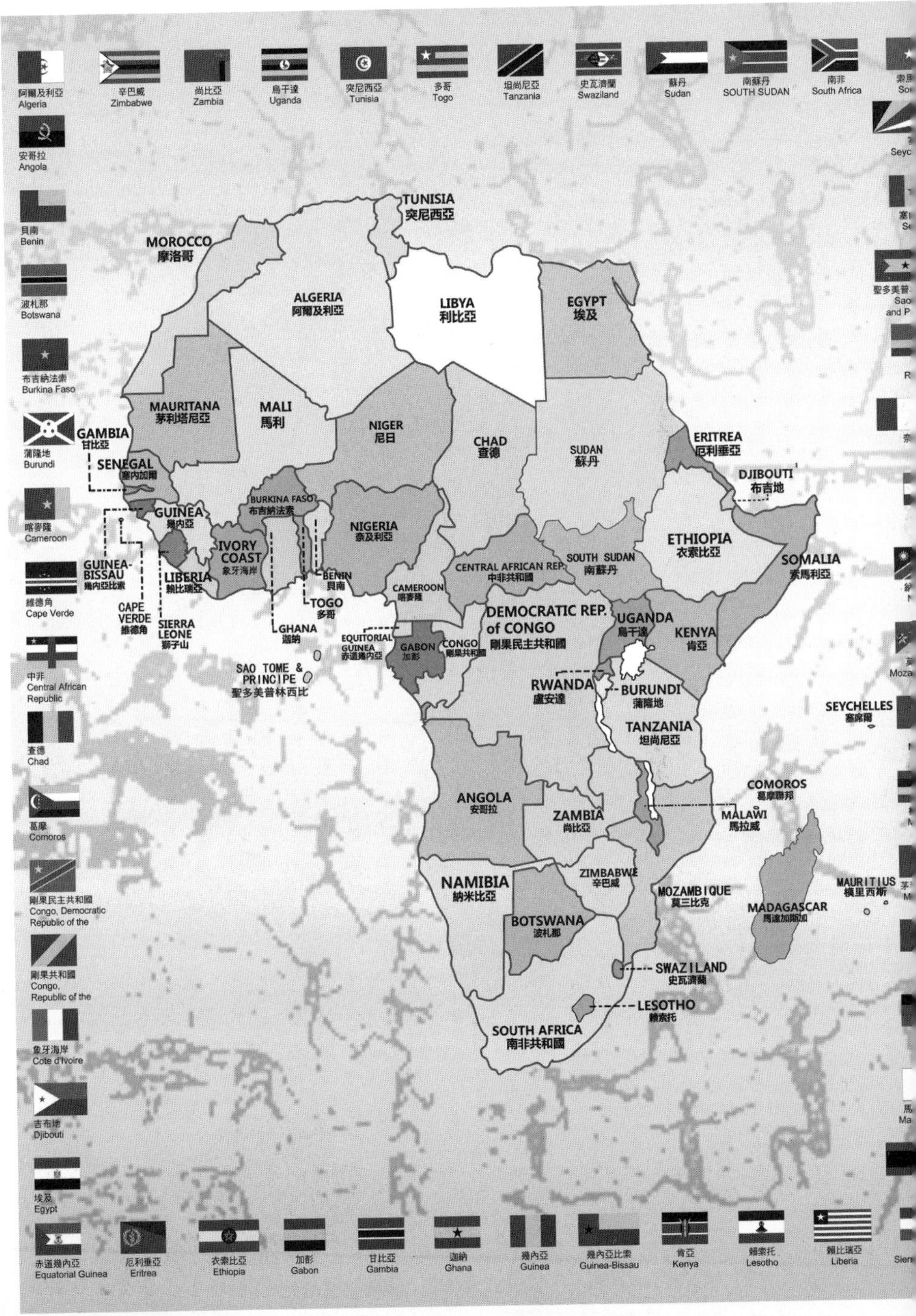

地圖／台灣非洲經貿協會・提供

輯一——生命山水

隨著時光沙漏，經過多少日月星辰，
它不曾為誰變換顏色，
卻隨著四季更迭，有著不同樣貌。

沙海築殼

面對大自然，人類之渺小，唯敬天畏地，莫此為甚。

當這一片沙海緩緩地從我眼前掠過，細緻、潔白、無垠，陽光晶亮，折射出沙地一片閃閃發光。熱氣，直撲臉頰；微風，輕輕耳畔低吟；細沙，窸窣地上碎語，天空澄淨無雲，時空彷彿凝止不動。

起伏的沙丘如波浪，挾帶密碼款款而來；荒涼的不毛之地，零星矮草點綴其間。我在車內，驃悍的四輪傳動，上上下下如跳波浪舞，迎面而來一隻瘦巴巴的騾子馱著板車，噠噠蹄聲自遠而近，板車上幾個衣衫襤褸的孩童，晶瑩澄澈的眼球直盯著我，黝黑臉孔，看不到童稚該有的純真笑容。

騾子過了，無垠的沙海繼續迎接我。

突然，路旁一幅壯觀的畫面吸引了我的目光。飼養的牲口，如駱駝、駿馬、騾子、羊群，成群結隊於野地四處。尤以駱駝和駿馬最為突出，昂首闊步，雄赳赳、氣昂昂，足蹄起落間地上的塵沙揚起空中，久久不散。

那一刻，我無法說出我心中的震撼有多大，同時為自己的渺小羞赧起來。

Y握著方向盤，我坐在副駕駛座上，我們熱熱絡絡地談話，談生意談景氣談彼此的生活，這是我們第二次見面，卻熟稔如老友般。沙海繼續後退，視野變得更寬闊，路旁偶而出現的帳篷，我伸長脖子努力向內望，卻望不到任何東西。幾個帳篷外殼如沙漠植物，如生根千年成了路旁風景。

「那是摩爾人居住的地方。」Y輕輕地為我解釋。

摩爾人，一襲密不透風的長袍，頭巾層層盤繞著，黝黑的臉孔露出一雙晶亮的眼睛，他們是沙海中踽踽獨行者。我問東問西，多是好奇摩爾人的生活。除了得知他們是傳統的游牧民族之外，最叫我錯愕與沉思良久的是：「他們取水不易，無法每天洗澡。」

茅利塔尼亞，位於非洲西北部，面積大，多為撒哈拉沙漠的幅地，被稱為阿拉伯非洲之橋。西瀕大西洋，北與西撒哈拉和阿爾及利亞接壤，東南部與馬利為鄰，南與塞內加爾相望。史牘篇章記載著八世紀，阿拉伯人占領了整個北非，建立了一個地跨歐、亞、非，從印度河直到大西洋的龐大帝國。阿拉伯人與當地原住民混合，即成為摩爾人，這個國家大部分是摩爾人，它的國名就含有「摩爾人的土地」之意。

從沒看過一片沙海，如此地無邊無際，以浩瀚包圍、收攏我。跋涉完了崎嶇不平的沙海，才抵達真正的海——大西洋，可它碰到撒哈拉沙漠卻如羞澀少女退縮到遠遠的一方。沙海與海相連；沙灘與海相連，分不清是沙海或沙灘，走著走著就迷失了，彷彿真來到了世界的盡頭。

這個撒哈拉沙漠西陲最貧瘠的國度，二十四小時前當我還在卡薩布蘭加（Casablanca），氣定神閒地喝著薄荷紅茶配著無花果乾，作夢也沒想到我會戲劇性地來此。原定旅程，以卡薩布蘭加為中心，搭乘火車至各大城市。最後返台前再回到卡城，預定停留三天。因此，行程、飯店皆安排訂妥，一切就緒，照表操課。

首日，在朋友的辦公室商談至近午，冷不防一通電話來自茅利塔尼亞首都諾克少（Nouakchott）的Y。他力邀我前往，他說都來到了摩洛哥，只差一個航班，就能到茅利塔尼亞。我當他是天方夜譚，敬謝婉拒，一來我沒該國簽證，二來行程已安排妥當，左思右想，萬萬不可行。沒想到他來真的，直言要我等著，五點前必會給我簽證，我當他是玩笑語。

五點過一刻，簽證連同卡薩布蘭加到諾克少的來回機票，他傳真來了。短短數小時，他信守允諾，換我這下子盛情難卻，於是捨棄三天的預付飯店，啟程另一段未知的旅途。這時，距離出發航班僅有四個小時，必須儘快衝回飯店抓著行李就跑，十萬火急趕到機場。偏偏黃昏時段交通要衢擁擠，車子走走停停，我在後座頭皮不斷的腫大發麻，頻頻問司機來得及否，他回「Insha’Allah!」（阿拉伯語，承阿拉旨意是），分秒必爭的緊張氣氛像一張大網，深深地網住我的細微神經。

飛機深夜抵達，一夜無眠。飯店的早餐，果汁太甜、咖啡味道不對，開始懷念起摩洛哥的種種，才清醒真是來到了世界的窮鄉僻壤之地。與我工作的人，英、法文參半，多是來自戰亂的敘利亞，他們雖流離失所，卻勤奮地工作。

Y是他們的領頭羊，黎巴嫩人，年少離家，早期在象牙海岸為人打工。聽人說深入撒哈拉內陸蠻荒之地，機會多，成功機率大。於是，趁著年輕有著拚搏的鬥志，一步一步地往沙漠走，幾度浮沉，追逐事業之心如築巢建殼，或像是摩爾人的帳篷，花朵似散落於一片沙海中。

沙漠地廣人稀，生活大不易，產業需多角化經營。牆角一隅停擺的機器，朋友說是市場胃納量不夠，謀生餬口事業不能只有一項。與大自然搏鬥求生存，又是另一項嚴苛的經驗，每年一、二月，沙塵暴季節來臨，灰濛濛的天空，原來不是霧。視線不及百米，置身於沙塵味道濃厚的空氣中，一呼一吸盡是灰塵味，瞬間對沙漠所有的浪漫情懷，消失殆盡。面對大自然，人類之渺小，唯敬天畏地，莫此為甚。

那夜，參與他的社交圈，一個聯合國般的小團體，與會的人來自不同的國度，其中包括一個台灣女兒也是法國媳婦。在浩瀚的星空下，我們喝著無酒精的飲料，不同膚色的臉龐，盪漾於澄澈的玻璃杯中。昏黃的燈光下，這些離家的人仰望著異鄉的天空，他們在天涯海角相遇，流露出一種處處無家處處是家的豪邁氣息，雖遺世獨立，卻有相濡以沫的歸屬感。整晚耳朵灌滿了似懂非懂的法語，隱約明白，他們如蒲公英隨風飄送，種子落地便生根。就像Y這次以極短的時間，為我弄來簽證與機票，證明他如一棵植物，日積月累中，就地生根了。

天亮我將離去，依依不捨之情突生，這段不預期的旅行頓時變得厚重起來。沙海、帳篷、牲口、仙人掌，剎那間彷彿融為一體，在我心中悄悄地築城，一座可攜走的城。

我走過這一片沙海，在茅利塔尼亞。沙海中，我看到了眾多的遊子，以及他們努力築殼的身影。想及此，忍不住輕問：「朋友們，殼，築好了嗎？」

雨季的沙漠

敏感如我，讀出是屈辱，頓時，世界停止運轉，一切靜止，我也安靜。

雨季的沙漠，一掃慣常的燠熱，陣雨過後，微涼。它並不像我們習見的下雨，整日陰霾濕漉，滴答滴答地下個不停。豪雨來得急又快，像天空發怒，水，一桶桶往下倒。瞬間，雨驟停，天空露出笑臉，太陽出來了。

雨季，是老天爺賜予這塊終年炎熱的土地，一個怡人的季節。

傍晚，黑幕垂下，白晝隱去，起航，往西行。

三萬英呎以上的高空，黑夜連綿不斷，從南中國海、印度洋、波斯灣、紅海，橫越過撒哈拉沙漠，三個航班超過三十小時的飛航與轉機，抵西非還是白花花陽光普照的中午。與以前相較，必須從西歐、或波斯灣的城市轉機，抵達時已是三更半夜，感受截然不同。

旅程，是應客戶之邀，與技師前來做售後服務的裝機工作。

一下飛機，匆匆前往工廠。一看，頭昏眼花，暗叫不妙，機器用塑膠套覆蓋，主機不見蹤影。心中狐疑萬分，這是一間大企業，擁有多家工廠，機器的接水接電於他們是簡單不過的工作，何況出發前已再三確認。

遙遠的年代，中國大陸所扮演的世界工廠未崛起時，在非洲任何製造業均屬厚利。那時少不經事，亟欲張大眼睛看世界，市場開發，仍是一片混沌之心。這客戶，企業的規模是當時城裡屬一不屬二，猶記首次拜訪時，兩位朋友為我關上車門，對我說：「Good luck! Catch him!」意思是要我如獵人，把他像獵物般擄獲回來，成為生意夥伴。

印染花布，與他的名字畫上等號。非洲女性傳統服裝，不論頭巾、上衣、長裙，蠟染的花鳥圖騰，五顏六色，是另類的風景。偌大廠房，數百台的歐洲織機，從紡紗、織布、染整成布匹。在車水馬龍的倫敦麗晶街上，有他大樓的辦公室；在「小巴黎」之稱的貝魯特家鄉，有他國際盛名連鎖的五星級飯店。硬體的機器與看得見的財富，簇擁著他步入雲端，使他成為發號施令的人。

這樣的成功人士，在昔日英屬殖民地的非洲國度，無疑是生活於金字塔階層、呼風喚雨之人，凡事他說了算。接棒的第二代，無形中耳濡目染高高在上的氣息。一日，適逢假日與他兒子約在他家商談，屋宇裝潢擺設華美，庭園造景花木扶疏，光發電機就住了兩個房子，僕役成群，自不在話下。

茶几上，我們就數張A4紙反覆的討論。突然，他大喊：「Amma! Amma!」一名女傭匆匆跑來，從他面前的紙盒裡抽出面紙一張遞給他，好壓住沁出珠點血跡的手指。原來，一不小心，紙張銳利的邊緣割傷了他的指頭。剎那間我隱約明白，一個被侍候慣的人，如生活在另一世界，不擅長站在別人的位置思考，或體恤。

他就坐在我對面，卻如天地般的遙遠。

機器接水電在非洲是一件非同小可的大事。為趕進度死馬當活馬醫，就機器的排列圖所標示水電管線的尺寸，要求明天一早從總工廠調度堆高機，把機器各就各位，抓好水平。

第二天，道路太窄，堆高機太大，進不來，來了兩個簡易工具。方形厚木板，板下裝有四輪，板上拉索兩繩，重物放置木板上，用力拉繩移位。這種毫無效率幾近原始的工作方式，令人擔憂，一顆心莫名的縮緊，唯恐技師不能如期回家。

技師，四十出頭，專事海外的裝機工作，跑遍了半個地球，已經用掉了好幾本護照。他，單親爸爸，上有年邁雙親，下有青春兒女三，家計負荷的沉重，讓他勇於一國接一國地工作，賺取豐厚津貼。最小的女兒，國二叛逆期，騎車摔倒骨折休學在家，這次出來前，惦記的就是要準時歸國，為女兒簽上二次手術的家長同意書。

讓他準時回家，變成我神聖的任務。

廠房外，光影樹影，重重疊疊，與巨大的蜥蜴，競賽似的爬上牆面，虎虎生風。大門口，歪扭的鐵板凳，閒坐數人，一坐就是整個上午，雖是非洲常見的風景，還是納悶，為何他們有本事啥事也沒幹，就可呆坐上大半天？等，在這兒是重要的一門功課。每天，等人等約會等吃飯等工作等水等電等等等……。等，把一天二十四小時過成三十六、四十八……小時？所有的等待，分分秒秒，噬人神經。等，不知今夕是何夕？等，時間彷彿被人遺忘。

層出不窮的困難折磨人的意志力。例如，買來大水管，接好；需接頭，再買接頭，接好，再買小水管。水的管線接好，試一試，水該來。咦！怎麼沒來？糟了，泵浦壞掉，工作被迫中斷。

又是一天過去了。

電呢？這國家世界石油藏量排名第七，工業區供電闕如，柴油發電機當道。近幾年，敵不過中國廉價貨品的傾銷，迫使許多工廠關門，連帶發電機跟著閒置，如今發動得了嗎？

進度落後，不禁疾聲厲色：「這些，不是上禮拜在我們到來之前就該準備好？」為首的印度籍經理頗委屈的口吻，反唇相譏：「Madame 我們已盡力在做事，妳只會罵人？」我習以為常的效率，換了地方，準則全不管用。

終於，轟隆的發電機聲響起，異味的濃煙飄浮空氣中，機器加溫。所有的人，包括呆坐門口的人，全擠到機器前專注的看著，機台的每一環節有條不紊的運轉，完美的成品自終端吐出。

機器也是作品，好壞自會說話。它是我大半輩子賴以為生的商品，也是職場生命的靈魂。機器外銷至異域，表現佳，揚眉吐氣如置身天堂，機器不順，揪心度日如度年。

此時此刻，一顆揪著的心終於稍解，從所有人凝望機器讚賞的眼光，讓技師準時回家有望，心中大喜。

這是技師預定返台的前一天。

暮色漸漸垂下，路邊烤肉攤販炊煙四起，三輪車潮水似的充斥街頭。車陣冒出排氣黑煙，最濃墨的一縷，壓住我心頭，那是因為下工前印度籍經理的一句話。

「小老闆剛打電話來，要技師多留幾天，訓練工人。」

夜晚，雨又下了起來，斗大的雨柱打在牆角、屋頂、花圃、泥土。雨勢打亂了不眠之夜，天明後，技師留或不留？我睜大眼睛問天花板。

隔天，發生意外小插曲。技師鬧腸胃炎，藥局裡白髮蒼蒼的藥劑師診為瘧疾。人命關天，趕緊購齊藥品，送他回台。放走了技師，輕鬆與沉重各半。不理客戶的要求，得罪了衣食父母，犯了行銷市場的大忌。心頭輕鬆，是卸了褓姆之責，恢復一個人旅行的自在。雖然，明知接下來有難題要收拾。

星期假日工業區一片安靜，坐在車上隨著路段坑洞的跳躍，人也惴惴不安。踏入廠房辦公室，黑暗的室內，辦公桌後的人影，不動如山。一絲光線攝入，像是太陽對假日歇息的發電機，投以嘲弄的眼睛。屋外陽光普照，一絲風雨欲來的氣息。

人影如巨獸，口中噴出熊熊火光，燙人。他興師問罪為何放走技師，我挺直腰桿，解釋是你們慢接水電，錯不在我。一來一往，劍拔弩張，冷不防他揮揮手有如驅趕乞丐。敏感如我，讀出是屈辱，頓時，世界停止運轉，一切靜止，我也安靜。

我開始柔性反擊，不計代價，只為自我的尊嚴。

戰爭，沒有贏家；和解，雙方皆是贏家。

回來，數天後，雲端的訊息來自高傲的他，來函詢價，要再買新機器。短短幾行字，在電腦上與我對望許久，有點喜極而泣的感覺。

沙漠，雨季過了，終於走過了。

一滴清淚

表面上繼續笑罵他們，心底更大的酸楚，如水流，擴散，漫漶一地。

M，一個高大的黎巴嫩人，聲音宏亮，外型像歐洲白人，在奈及利亞的卡諾（Kano）土生土長，當地土話朗朗上口。首次遇見，在客戶的辦公室，一副「財」高氣傲的樣子。或許我一介東方女子，工作的模樣有別於伊斯蘭國度的女性，尤其那年代的女性甚少拋頭露面工作。在黑壓壓的一群人中，或是剛硬的機器廠房裡，我視工作第一，相對地顯得突出與特別。他好奇地走向我，想一探台灣機器之優窳，與諮詢從事製造業的準備。幾經交談，他打開心房，為我講起他自幼隨父飄洋過海在非洲創業的故事。

在非洲，花俏的蠟染布是女人的衣裳、褲裙、頭巾，也是一種文化圖騰，形成另類風景。當時，他是這個產業中的翹楚。

「那時，博科聖地（Boko Haram）的恐怖主義尚未崛起，時機極好，一個早上賣出的布料，收到的錢可以堆積成一個房間。」他眼眸中閃著光亮說著。聽在耳裡，彷彿一疊疊破舊、堆積如山的紙鈔在眼前。那時紙鈔的面額極小，吃一頓飯需一大布袋的錢。幾年下來貶值變本加厲，國家資源豐卻民不聊生，荒謬至極。

我細細觀察，一個國家跟人一樣，如果不爭氣，人愈看愈矮小，紙鈔價值則愈變愈小。

我與他，在商業的供需關係上屬於相濡以沫、唇齒相依，從這良性的商業關係，發展私人友誼。他喚我名字，必加個「Madame」以示尊稱，逢人介紹我來自台灣，稱讚我名字是——「Tough」（強韌）。我明白，長期我的工作為他帶來財富，贏得他的肯定與信賴。每次我的到來，他賢淑的太太必會煮頓可口的黎巴嫩菜，滿足我離家千里的口腹之慾。

走入廠區，滿滿的人潮湧出，包括M的二個兒子——K和Y，他們看到我突然出現，很是訝異。掛在他們臉上疲憊的模樣，顯然是勞累一天的結果。一陣寒暄，表示今天是周末廠房即將休息，邀我下周再來訪，讓司機送我們回旅館。

黎巴嫩商人在非洲的成功故事，老一代土生土長，年輕一代留學歐洲，回到非洲繼承父業，發揚光大，K和Y即是此種典型例子。他們接管工廠數年，朝向利益化、效率化與科學化的管理，與父執輩老式、重人情顧倫理的作風，大異其趣。看著他們年輕輩的崛起，在沙漠一隅，生活條件極差的狀況下，管理起千人的工廠，面對工作不力的工人咆哮疲憊的模樣，像個年紀輕輕的老頭兒，看了於心不忍。忍不住把他們與台灣同年齡層的做比較，他們富有生命力且吃苦耐勞的表現，總是略勝一籌。

十二月天，一樣的豔陽高照，粗壯枝幹的老樹靜靜屹立，樹梢枝椏隨風搖動，舒適涼爽，不若夏日高溫灼人。工業區廠房外，坑坑洞洞的路永遠地車水馬龍，永遠地紛亂忙碌。豔紫的九重葛盡情綻放，恣意的伸出圍牆外，照映著伊斯蘭教風格的白色建築物上，在沉甸甸的街景中，幾許風情，顯得輕盈與脫俗。

依約再來，辦公室內，四張辦公桌、四台電腦螢幕一字排開，四個年輕人依序坐著，各司所職。其中一人，K和Y的表兄弟——I，好意先帶我參觀新廠房。距離上次來訪僅數月差距，卻是完全嶄新的局面。尚未啟動的發電機，千瓦特以上，住進了大房子。

高速、新型的機器一台挨著一台，工人埋頭作業，種種畫面彷彿宣誓年輕人已邁開大步，向前走。

邊走邊與I交談，整顆心直直往下沉，因為整排新機器，不見有任何MIT的鐵牌標誌。一看，全是來自工業水準在台灣之後的印度，不禁在心底大喊：「台灣，你在哪裡？」可不是嗎？以前台灣的機器，一步一步讓他們變成大企業，交棒了新世代，為了提升產業，再擴大投資。昔日在此產業執牛耳的台灣，在供應商的名單中，被排除在外。

這次擴廠的投資金額高達美金五百萬，一個誘人的數字。

我聽了，心裡不禁絞痛起來。彷彿一個久戰沙場的老兵，他的戰場江山突然被人攻陷了，情何以堪？

回辦公室繼續商談。因一個帳務的小爭執，K突然口不擇言，語出不遜，甚至還抨擊起台灣來。他說台灣機器的產能愈來愈不行，簡直輸了中國大陸、印度製的。乍聽，老大不服氣，當他是看著長大的孩子，據理以爭，反唇相譏回去。沒想到他愈講愈不像話，連難聽的字眼也飆出口，他的言語令我有屈辱之感，我開始沉默不語。

這次與兒同行，是工作也是見習，我該如何應對這局面對他才有助益？腦海中不斷地整理思緒，一個個畫面如跑馬燈似閃過，思索如何妥善的應對，好給下一代一個榜樣。

不禁想起幾年前類似的經驗，曾經演出的一幕，那樣義無反顧的豁出，結果是好的。事情是這樣，上門到一家大廠收貨款，付款的人是老闆的叔叔，邊付我不足額的帳款邊口出不禮貌之語，我一聽，冷冷地把錢丟回，並義正言緩地說：「對不起，我不收不足額的錢，等全數夠了我再來收，請你也把剛剛不妥的話收回去。」偌大的辦公室，所有的人一聽，頓時鴉雀無聲，全部抬頭看我，包括高高在上的老闆。後來，他不但補足了款項，並向我道歉。從此，這家公司變成我的客戶，一路成長，後來居上，是這城市最有購買力、最大規模的企業集團。

幾秒鐘閃過這些記憶，士不可辱，我也可如出一轍，仿效上次的經驗？但是，另一種記憶反覆地拉扯我，那是多少次他父母親在他們的家，溫馨美麗的餐桌上，一道道精心製作的珍饈美味，誠心誠意的招待我。每次，當我享受他們溫暖的情誼時，當下心裡的感動，直想下次來一定要帶上我最珍貴的禮物。

突然間，平日擅於應對這種商場上弩張劍拔局面的我，頓時手足無措，不知如何是好？一股複雜的情緒湧上，無法控住自己的情緒哽咽起來，連講話都斷斷續續。剎那間，我失常的舉動，年輕人都嚇壞了。K似乎也受到驚嚇，頻頻道歉，解釋那是開玩笑，並解釋許多話在非洲只是習慣用語，非單純字面的意思。他們極力討好地對我說一向視我為做生意的媽媽，I並作勢要打K教訓給我看，指責他亂說話。我表面上繼續笑罵他們，心底更大的酸楚如水流，擴散，漫漶一地。

白晝隱去，黑幕深垂，四周靜謐，從窗外望去，孤獨站立的路燈散發微弱的白光。我輕輕闔上窗簾，路燈從隙縫鑽入一條光線，躺在床上，久久無法入眠。彷彿是，一滴清淚，未滑落沙漠塵土即已風乾。在黎明與夜晚之間，出現了一條裂隙，就像在世代傳承出現了隙縫一樣。轉頭看酣睡中的兒子，連日來隨我東奔西跑，絲毫不困倦，誠願他就是補綴裂隙的人。

馬背上的舞步

我緊握著馬鞭，上上下下，如人生的起起伏伏。在真實的人生裡，全力以赴，不就是為了萬一失敗時的準備嗎？

「Habibi，Yala! Yala!」＊我低頭俯身，輕拍我的小馬情人，溫柔的對牠耳語。牠善解人意，叩叩叩，一步一蹄，如舞步節拍上上下下，我順從牠的引領，噠噠的馬蹄，一聲聲直叩我心房。

說也奇怪，原本計畫騎駱駝遊金字塔，怎料到出租處，駿馬圖片一現，電光火石般，馬背是我目光焦點，瞬間牠變成我執拗的選項。

腦海中閃過不久前在蘇丹喀土木（Khartoum）牧場的一幕，主人騎在馬背，眉宇上揚，眼裡盪著笑意：「我愛馬，牠們是我的好朋友。騎馬是一種享受，上下或高低要隨著牠的節拍起伏，才能領略騎馬的快樂。」他的話，如音符，馬背上是五線譜。

開羅之旅短短停留數日，天天上談判桌錙銖必較，令人精疲力竭。隔日星期五，人人上清真寺朝拜去，兩方談判人馬偃兵息甲，決定轉換心情來個金字塔沙漠遊。

馬伕把馬牽來，讓牠蹲踞我跨上，卻是幾度跨足幾番縮回，膽怯，令我雙足套上千斤重枷鎖。馬伕助我一臂之力，騰空躍上馬背，倏然視野變寬變大，放眼望去，建築物如海市蜃樓般，邈邈遠遠。我正襟危坐於馬背上，緊執馬鞭，隨著馬蹄聲，一步一步，走過顛簸的泥土路街道。路人投注的眼光，幾許羞赧，稍分心，馬背一顫抖，我驚叫出聲。出了城廓，迎面而來一片無垠的沙海，豁然開朗。

漸明白，在馬背上，心無旁鶩，才能體會騎馬的美妙滋味。

沙路，崎嶇、凹凸不平，難以行走，像極了我的埃及歷史行旅。一路走來，躓踣難行，坎坷不斷，如另類馬背上的舞步，上上下下。

遙遠年代，開羅，尼羅河水淙淙流，高大椰棗樹隨風搖擺，風情款款。黑夜中，來往的遊艇如河面上流動的鑲鑽。夜晚的遊輪上，邊晚餐邊欣賞阿拉伯女郎的肚皮舞，走過鬧市街心，燒烤的BBQ炊煙縷縷隨風飄送，人手一支水菸的茶坊排排坐，賣弄閒適的氣息。

沙海的蒼穹，散落的星星，遙不可及。我隻身來此，仍奮力向前跑，期待有朝一日跑至山頭，數看繁星。白天努力跑市場拜訪客戶，傍晚至中餐館吃頓不怎麼道地的中國菜。希望，總是在前方，模模糊糊，向自己招手。

那時，很多流汗且無斬獲的日子，甘之如飴，因為年輕，日子還長。另一方面，埃及特殊的異國風情，令我著迷。

首次登陸，那是台灣商品在國際貿易盛行的年代，身為中小企業一員，市場開發篳路襤褸，卻是充滿希望的時光歲月。埃及在當時非洲陸塊中，是名列前茅的經濟體。來自台灣的商展團特別受歡迎，參觀人潮絡繹不絕，對初出茅廬的我，怎不血液澎湃？看待每個來訪者，彷彿他們攜帶著大筆的訂單前來。直到白日殆盡，黑幕垂下，人潮漸散，才驚覺隨身的貴重之物——皮包，不翼而飛。

機票、現金、旅行支票、照相機等貴重物品，在我進入開羅不到二十四小時的光景，隨著皮包自人間蒸發，損失慘重。在尚未電子化的年代，遺失帶來巨大麻煩。從此對這國度投下了不信任的眼光，埃及人一隻嘴虎纍纍，因為在生意場上他們常信口開河說得天花亂墜，真正下訂單時又裹足不前。

但是，古文明泱泱大國，金字塔木乃伊是老祖先留下的智慧遺產，至今仍是埃及觀光經濟的來源。

山不轉路轉，蜿蜒的長路順著尼羅河的流向，從發源地、上游、下游，到地中海沿岸。我小心翼翼一步步踩過河流淌過的土地，無論沼澤或乾旱、富庶或貧瘠。終於，在上游藍白兩支流交會的蘇丹喀土木，長期努力的足跡被看見，我公司優良的名聲傳到埃及來。開羅的新客戶慕名尋上門，邀我當他的供應商。

一線生機，微微展開，在台灣競爭力漸失的時刻。

凡事，做或不做，成功或失敗，各一半機率。自年少離家，從一杯水自力更生掙起，永遠懷抱著樂觀的信條——「去做，心安。做了不成，我命。」開羅與台北雙邊人馬你來我往，為新的案子努力。一絲希望在遠方召喚，令人義無反顧，匍匐前進。那一刻真令人血液賁張，這市場長久的耕耘無所獲，機會終於降臨，如跌倒山谷內，攀住了細藤樹枝。

工作，超乎想像的困難。因交易對象是國營事業，冗長、條文繁複的合約如層層枷鎖綑綁，不輕言放棄的人，心室心房如何增厚變大，還是難以對抗。過程中的折磨，幾度心灰意冷萌生放棄，但是長期在商場如戰場，怎麼會甘心中途而廢呢？不戰到最後一刻如何讓人輕易繳械認輸呢？合約文字，英文阿拉伯文並列，法律公證使館簽章皆要具備，台灣最欠缺的是外國使館，這無疑是最大的磨難。

如此，一關闖過一關。最後買賣雙方簽了字，言明十五日內買方開出銀行付款LC（國際貿易的信用狀）。鑼鼓鳴起，美好的一仗似乎蓄勢待發。開羅與台北雙城，剎那間，空氣甜美，人們勤奮忙碌，地球似乎順著兩城運轉著。

猝不及防，非洲貨幣嘩啦嘩啦掉，大幅貶值，埃及鎊無以倖免。引頸期盼十五日已超過，LC仍不見蹤影，忐忑之心，惶惶度日，如此過了三年。

三年後，胎死腹中的案子突然復活了。客戶開來了LC，悲喜交疊，流汗的代價有結果。但是，三年時間，日新月異，4G變5G，很多東西走入歷史，當然也包括這個案子，機種型號規格更升一級，成本增加了。左思右想，一籌莫展，決定再翻山越嶺走趟埃及，當面跟客戶朋友握握手道個歉，買賣不成，只能當朋友。

二〇一〇年在北非突尼西亞發起的民主運動，人民走上街頭，大規模的示威遊行，成功地讓時任總統班・阿里政權倒台。這場民主運動成為阿拉伯國家中第一場因人民起義導致推翻現任政權的革命。星火燎原，民主思想迅速蔓延至北非諸國與中東，直至二〇一一年風起雲湧，為阿拉伯之春。因為事件起源於突尼西亞，茉莉花剛好是該國國花，故稱「茉莉花革命」。

茉莉花革命後，開羅城瀰漫一股淒清的氣息。豔麗的九重葛怒放在高高的白牆上，拉出長長且孤寂的黑影。金字塔旁的五星級旅店跌價美金一百元有找，諷刺的是竟然拒收當地幣，僅收美元。貨幣代表一個國家，若政府不爭氣如此，受苦的是普羅大眾。

從開羅到亞歷山卓港近郊的一個城鎮巴提姆（Baltim），來回七百公里，雖是高速公路，一路與坑坑洞洞的路面奮戰，車子競相飆速，大車擠小車，司機大哥神勇飆至近兩百公里車速。夜晚回到城裡已是飢腸轆轆，疲憊不堪。

食物有時是困頓中的療癒處方。晚餐，埃及的典型阿拉伯食物，圓餅配Baba ghanoush（茄子削皮搗成泥拌橄欖油）或Hommos（尖嘴豆磨泥拌橄欖油），搭配青脆的黃瓜與鮮豔的紅番茄，再來一杯檸檬薄荷果汁，鮮綠液體透過玻璃杯如瓊漿玉汁，酸甜滋味，不飲自醉。

食物透過舌尖味蕾給了溫飽，仍然治癒不了內心憂慮。因為延宕三年多的合約突然要履行，滿頭霧水。三年不長不短，足夠一個呱呱墜地的嬰兒長成跑跳的孩童。時局變化大，物價上漲，成本增加，若照舊約走，等同拿磚塊砸自己腳。天下虧本生意沒人做，我千里迢迢硬著頭皮上門，只想當面說清楚，握手婉拒。

沒想到對手一臉真誠，說他為這案子投下心血，已開出多張的銀行保證信，若我不支持，他將血本無歸。

接不接受？天人交戰。接受，給台灣商品一次反攻市場的機會，但冒虧本之險。

馬背上，窮目四周，邈遠寬廣。雁鳥揚起潔白的羽裳飛過孤枝林梢，穹蒼下沙丘沙海，絕美的弧線一波又一波映入眼簾。天地一線，望去似無盡頭，個人渺小如沙海中之一粒。面對眼前壯闊波瀾的世界，屬於世俗的煩憂盡除，武裝輕卸，自我的捍衛建立起。

風，迎面吹拂；雲，高空躲藏，以為一切皆靜止，包括時間。忽地，小馬情人頑皮促狹的奔馳，我驚嚇，緊緊握住牠的背鞍織帶，身微微後仰，專注配合牠的節奏，興奮與刺激，如玩心大起的孩童，決絕隨牠而去。

心裡一股聲音響起，不管天涯海角，就隨牠去吧。

長長的舒了一口氣，馬背的舞步，彷彿為我開一扇陽光之窗。我緊握著馬鞭，上上下下，如人生的起起伏伏。在真實的人生裡，全力以赴，不就是為了萬一失敗時的準備嗎？

沙漠，一片廣袤，處處是路處處無路。正如我目前的處境，這個案子多年的擺盪，尋不到一條可行之道。曾經，一步一步往前走，以為是路，怎奈忽然回頭，人已至懸崖峭壁中，無路可走可行。千鈞一髮中，一念之間的勇氣，才是道路。現實生活中，在谷底幽微的時刻，不就是如此的寫照？

我做如是想。然後，暗暗的做了決定。

＊注：阿拉伯語—Habibi：親愛的，Yala：走吧。

飛行的鷗鳥

人在天涯海角，心靈的解放，如海鳥擁抱海水的壯闊。

飛行的鷗鳥

傍晚，已過七點，陽光仍強，四處亮晃晃。飯店後方是沙灘海邊，無時不見群鷗聚集，或展翅高飛、或歇息水面，彷彿這片靈秀水域的主人是牠們，而我只是貿然的闖入者。遠眺，濛濛山峯，層層疊疊，天地悠然，俯仰間似有股大氣熨平體內每一細條神經。翌晨七點，拉開窗簾，大地漆黑，披著一層神祕的面紗，乍醒未醒。半露天的餐廳，一半的餐桌椅座位延伸至廊外，與海岸沙灘連成一氣，寒意微起。

鵝黃燈光溫馨如晨曦送暖給希望，各式麵包挑動人的食慾。海面在黑暗中感覺近在身側，無波無浪，像隻溫柔的花貓陪人腳底邊早餐。

時光如海水潮汐淘洗；記憶像沙粒波浪沖刷，晶瑩剔透，陽光下閃閃發亮。遙遠的記憶拉近了，如細細顆粒靜躺沙灘上。

睽違二十年的國度——塞內加爾，濱臨大西洋的西非國家，海洋橫渡過去便是紐約。多年前首次來是應朋友M之邀，他投資工廠剛起步，我是供應商。那時像樣的飯店寥寥無幾，獨立廣場的大街，漫步不久，肅穆氣氛，遊覽觀光之心盡失，深感不宜久留，匆匆退去。

M是黎巴嫩移民非洲的第二代，我與他同是來自雜貨商的家庭，那時彼此都年輕。年輕的生命，心所向急欲擺脫從小生長的枷鎖，走一條屬於自己的路。拜訪數日，白天工作，晚上他款待不同美食，熱情之心，藉著餐盤的食物互相交流對事業的夢想。我供應他生產設備與技術，兩人如水草與游魚，走過一段相濡以沫的歲月。

在非洲經營工廠，是對一個人心志的艱鉅考驗。

白天他在工廠吼工人，晚上回家精疲力盡，他說在此孩子沒有好的教育環境，家庭無社交生活。每天，他的生活不是家裡就是工廠，首都達卡（Dakar）環海，開車繞來繞去，盡是遇見海。他的人生不能這樣過下去，於是決定出走，就像一隻飛行的海鷗，飛出這海域，在彼岸的紐約，定錨。從此，他就像斷訊的鷗鳥，我也不曾再來。紐約幾次旅遊，同在一個城市茫茫人海中，總不期然地想起他。

重遊舊地，達卡已蛻變成適合人居的城市。美麗的海岸線，燦爛的陽光，春筍般的度假旅館沿著波光粼粼的海岸線林立，便利的捷運線建造中。幾日停留，不停地在腦海裡想：飛出的漂鳥，可曾憶起舊巢？

信差的鷗鳥

二十年了，這國度以諸多的改變令人刮目相看。飛機停妥，溫暖的陽光和舒適的空橋歡迎來客，這和許多非洲城市登機或下機必須手提行李、辛苦爬樓梯，給人意外的驚喜。入海關，連表格都不必填寫，奉上護照與簽證，按指紋，出奇地有效率。以為這樣就出海關，錯了，在非洲國家有諸多意想不到的檢查。果不其然，迎面而來一個檢查哨，暗暗叫苦，糟了！好像忘了帶黃皮書（防疫注射證明）。再度遞上護照與簽證文件，穿著制服綉著臂章的海關人員細細看了一下，擱下，對我輕輕咕噥一句：「une minute」（法文：稍等）

我反問他：「為什麼？」

他回：「簽證。」

我急急指他手上的單張簽證：「那不就是？」

後面蜂擁而上剛下機的人，他忙著檢查，我杵在一旁，不由忐忑。一陣忙碌後，他對後面的辦公室喊著：「台灣」，台灣二字一出，像是暗號，辦公室出來一人把我領走來到另一室，指著椅子上的人對我說：「接妳的人在這。」原來是虛驚一場。那是朋友對我貼心的服務，接機接到海關來了，這應是此地另類的特權文化吧。

朋友打點一切，下榻旅店安頓好，他電話就來了，問住得如何？我回答好極了。遲疑了一下補充道：「但是，價格有點貴。」他在電話那頭笑了起來：「這飯店是城裡最好的，你們台灣人很富有，沒問題。我們的供應商來自歐洲、印度、中國的，都是安排住在此。」一聽這話，輸人不輸陣，把想要換住廉價飯店的話狠狠的吞回去。

非洲，路途遙遠，一次出門，順道旅行多國。與上個國家相較，這裡宛如天堂。一個人的旅行，暫時逃離了平日軌道的羈絆，日子簡單，孤獨的幸福，帶有奢侈感的微微不安。人在天涯海角，心靈的解放如海鳥擁抱海水的壯闊。

一個人的旅行，處處，是迷途，也是歸途。

一天下午，回到飯店，忽見窗外陽台來了隻鷗鳥，停在圓桌上，專心的啄食。我隔著窗簾的外層薄紗，細細偷窺牠。鳥兒肚腹肥碩，嘴巴尖長，奮戰一塊麵包屑。我躡手躡腳地靠近窗台，小心翼翼輕撥薄紗，一啄食、一盯看，我與牠，彷彿進行一場專心一志的無聲競賽。

我悄悄舉起手機記錄這難得鏡頭。一會兒牠似乎已飽食，拍拍翅膀飛走，留下怔呆的我，久久不曾自窗前移步離開。我隱約領悟，牠是天地間的信差，託來信息與我，我來此的任務一如鷗鳥般的另類覓食，必須那樣的專注，與滿懷無比的莊嚴。

遠方的鷗鳥

晨曦沉睡，大地未甦醒，黑暗中我仍然感覺得到海浪細柔的呼吸聲，自遠而近。柔和的燈光灑下了溫暖，木架上陳列各式的麵包彷彿對我微微笑。幾個小時後我將離開這城、這海邊，有些惆悵與依依不捨。天光未亮，海鳥紛紛來送行，伊呀伊呀地叫起，我似能解鳥語，我生於島嶼、長於島嶼，海鳥於我熟悉如老友。

旅行超過百國，有些國度自我許願「下次再來」。能讓人流連的國度並非是繁華勝地或高度文明，究其因，令人身心安頓、或有家的感覺是其共通點。達卡城的感受即是如此。

啜飲最後一口咖啡，心中盤算當天行程，惦記著朋友A的女兒，昨晚來電敲下了中午的臨別之約。

她已是三個孩子的年輕媽媽。還小時我們曾在其他國度碰過面，轉眼已嫁作人婦，且定居於此十來年。電話中她說記得我的語氣，誠懇得令人無法推辭今日的邀約。

旅行非洲，一種上癮。旅行的國度愈跑愈遠，尤其以法語國家，癮頭更大。法語非我熟稔的語言，生活上處處與人交談，更是挑戰。這樣的氛圍或是一種出自意識中的渴望，想要在陌生的國度自我測試生存的能耐。例如，周末逛街，朋友差遣司機服務，我便與他學起法文來。

「lundi mardi mercredi jeudi vendredi samdi dimanche」當我們從店裡走出取車時，他邊走邊解釋為什麼店開得少？是因為星期日的關係，我趁機請教星期一至星期日的法語。

他當我的導遊不怎麼樣，當法語老師很盡責，星期一到星期日，一遍一遍的帶著我唸，唸完兩遍後我便能正確無誤的自己唸完，他直誇我學習能力真好。我心裡偷笑他有所不知，約三十年前吧，那個大腹便便的少婦，每周一三五晚在師大法語中心報到。學習，在生命遇到困頓需轉彎時刻，能夠讓人專心一志往前走。

當她遠遠走來，身材高挑修長，五官深邃分明，我想就是她了。她笑起來有雙親輪廓。我們只有一個小時，兩個急急交代過去故事的人，話匣子一開嘰哩呱啦，與法式餐廳優雅的氛圍不搭，但又何妨？

她來自黎巴嫩望族，隨夫婿來此，先生是近千人大工廠的CEO。她初來此一句法文都不會講。後來，三個孩子陸續報到，她一面責無旁貸擔起教養職責，一面到銀行工作。聽她談異鄉遊子的打拚點滴，一股堅毅與成熟的神韻，從她秀麗的臉龐，微微散發。

她的爸爸在奈及利亞，哥哥在安哥拉，媽媽和妹妹在老家黎巴嫩，一家分散四地，典型的漂鳥家族。轉述父親的電話內容，得知我來此，非得要她來見我一面，她學其高亢的語調說：「Go! Go!」多少次的千山萬水來到窮鄉僻壤的西非，最大的意義藉由這字，回饋於我了。

我坐在她的面前，也像是坐在自己面前，彼此都是遠方飛來的鷗鳥了。

烈日下的椰棗樹

葉子一片片，如被風吹乾了汗水，變輕盈了，隨著他的夢想，搖曳不已。

「嚐嚐看，很甜的。」主人隨手從樹上摘下椰棗一串，遞了一顆給我。我狐疑的眼光馬上得到回應：「有機的，可以直接吃。」送入嘴中，天然的甜味，綿密細緻的口感充塞舌尖，久久不散。

數百株的椰棗樹像士兵排列，井然有序，主人以君臨天下之姿，我沾光如貴賓，逐次巡視。但見樹葉尾梢垂下，彎腰九十度，謙卑俯首迎接我們。主人見果樹如見兒女，眉開眼笑，頻頻頷首示意，無聲的交談在他們之間流淌。黃沙烈日，乾燥旱地，如此龐大的椰棗果園結成了美麗的果實，是老天爺的賜予？或是對不毛之地的補償。

扇形齒狀葉片在粗幹的上端盡情地往外彎曲伸展。大地晴空萬里，日光灼灼，燃燒著雲絮，樹蔭下的影子隨風微動。黃澄澄的果實一串串懸掛樹上，顆顆粒粒飽滿厚實，陽光下晶亮閃爍。椰棗，小小的一顆，昔日游牧時代是充飢填肚的聖品，在物質匱乏的彼時，據說吃上一顆便可度過一日。市售的椰棗是暗紅色，眼前的卻是鮮黃、嬌豔無比。他解釋道，果實在樹上成熟時呈鮮黃，摘下慢慢變成暗紅色，市售都是加糖蜜醃製過，過甜。原來食物如世事人情，過度粉飾，遮蓋了原味，失真。

蘇丹喀土木城正午陽光強烈，雲朵被烈日噬光，只剩孤獨的天空。不遠處藍白尼羅河依然流水淌淌，兩岸船渡頻仍，人來人往，岸邊蘆葦隨風搖曳，露天咖啡座空曠寂寞。從飯店大廳望出，拱門迴廊的枝椏花草奼紫嫣紅，光影下暗香浮動，我不禁恍神，迷離。

他遠遠走來，於滿園花草錦簇中，陽光在他的頭頂圈成皇冠，彷彿間我看見一個夢想走向我。今日，他排開眾務依約前來，專程載我去他的農場，距離城外兩個多小時的車程。

一個人，訴說夢想，如孩童玩他的樂高，眼神閃著光亮。他在我面前，坦誠、毫無保留訴說著他逐夢的經過，除了日積月累的友誼之外，尚有一份知音的信賴。知音的道路總有一些看不見的東西，不具體但有價值的理念，在彼此的心中互相交集、沉澱。

我與他之間該有一座橋。這橋，或是他的農場，或是更早以前的一只零件。

與他結識在很久以前。他千里迢迢來台，忍著飛航的疲憊、時差與食物的不適，一下飛機馬上登門拜訪。接下來的一周，他隨我奔波、馬不停蹄的四處拜訪工廠。

有一天，最後一站來到一家工廠，馬拉松般的會談，老師傅頻頻中途離席，搬來多種零件比手畫腳與他溝通、解說。台灣黑手師傅的能耐，十八般武藝講得出寫不出，油亮的工作母機沾滿黑手一生汗水，他解釋零件因屢屢改良，來客所使用的機器製造年分久矣，已更新型號，零件需特製。一來一往的會談中，來客眼神綻放光彩，時間毫不察覺已流逝。老師傅的專業打動了他，而我只不過是一個翻譯者，也沉浸在會談中，彼此太投機了。

這個會談帶給我極大的愉悅，多少年來這個鮮明的畫面，我總以它為前進的動力。

終於，在滿疊整捲發黃的圖面中，找出年代已久的一張，正是苦苦尋找的原始尺寸。

他喜出望外，我對待一個零件如同機器的慎重，這是我一貫的做事態度，卻不經意地感動了他。從此他是製造商，我是供應商，商誼衍生情誼，從彼時，至今日。

「這個農場是我的 enjoy，嗜好、樂趣，也是一項投資。」他音調高亢上揚的對我說了這句話。人因追求夢想而意氣風發，我在他的臉上讀到了。椰棗樹，烈日下始終不懼乾旱頂天立地站著，彷彿無聲地回應了他。葉子一片片如被風吹乾了汗水，變輕盈了，隨著他的夢想搖曳不止。

農場，斥資鉅額花了他長長的一段時間與心力，正如羅馬不是一天造成。

夢想，源自貧困的童年，為人洗馬賺取微薄工資，幫助家計。當馬昂首嘶啼，主人高高在背上，一陣塵沙飛起，人馬風馳電掣而去。這一幕，是他一個洗馬小童，終其一生奮鬥的目標。

椰棗樹竟是如此肚量寬大，在樹蔭下為我們遮陽避熱。

我問農場有多大？阿拉伯語為母語的他，一時難以轉換英文，索性拿來手機打出一長串的數字。每次他來農場，不是用走路，也無法開車，都是騎馬巡視，像君王出巡他的王國。

踏入農場處處是驚喜。動物、植物紛紛以迷人的姿態表演給魯鈍愚騃的我觀賞，彷佛在在證明主人築夢完成。果樹，除了椰棗尚有千株萬棵其他種類。芒果樹已採收完畢，尚餘兩顆垂掛枝頭。葡萄柚更是大器，數百棵如鼓號樂隊，果實熱熱鬧鬧、爭先恐後的來報數。

我雀躍如童子，一轉身便與花樹撞個滿懷，抬頭一望，粉色白色橘色花朵於樹梢綻放，閃爍亮光，彷彿開著開著、要開上天空似的。

飼養的動物種類多、數目大，是另一處風景。駿馬一匹匹，血統純正，主人如數家珍，對每匹馬瞭若指掌。賽馬場上，他的馬兒和他從未缺席過，迎著風、氣流，韁繩讓他與馬合為一，是種享受。馬背上急速的上上下下，彷彿是舞步，順著節奏，如人生的坎坷、起起落落。

黑白乳牛，每隻牛肚吊個大袋，原來是貯存牛奶的地方。主人說，別小看這些大腹便便的乳牛，一天可擠出牛奶七百公升呢。新鮮牛奶賣了錢，變成牧場工人工資與飼料錢，又養活了工人背後的許多家庭。以他過去從商的經驗運用在農場經營，極具科學化，且效率倍增。怎地一個福地福人居？這沙漠黃土，塵沙飛揚，他的智慧、他的創造，讓夢想實現，媲美「自然樂園」。

農場以一草一木捕獲我的心，就像當初他來台灣時我捕獲他一樣。引述他對我說的話：「妳對待我需要的零件，像對待一台機器那麼認真與慎重，當然，我也是如此對待我的農場。」他的話，輕輕地，卻如一只冠冕，重重的收納我心底。

送行

他的話語，餘音盪漾，像海水潮流滾滾而來，我的出發變得無關緊要……

打包行李，幾分鐘後將與兒子分道揚鑣，他飛往西非，我搭火車去菲斯（Fes）。從房間的落地窗望出，不遠處的卡薩布蘭加港，競高的船桅迎天矗立，飄浮的雲朵在蔚藍的天空下，像不知所措的孩子，茫茫然不知前往何方。

下樓大廳退房去，厚實的大圓木桌上立著一只長頸玻璃瓶，大把怒放的姬百合，在清澈的水中連根部都清晰可見，十分耀眼。花朵的喧鬧，香氣的專橫，色彩的鮮豔，不畏世俗嘩啦嘩啦的散開來，如鼓舞的啦啦隊歡送我上路。花香撲鼻來，訝然我竟沒犯過敏、打噴嚏，約莫是北非氣候宜人的十月天，亮麗的驕陽令鼻過敏痼疾打了退堂鼓。

這趟母子同行的非洲之旅首站抵卡薩布蘭加，商展一完，我繼續停留摩洛哥，兒子則隨展覽團前往西非迦納。我迅速地從教練變回母親，隨著兒子的離開，不由得惶惶然。

M，是這個國度首位朋友，他經營工廠我是供應商，彼此情誼隨著時間久了如磨石般的發亮。因每次我來，他總是善盡主人之責提供各項服務，更像一道窗讓我望進窗內，關於摩洛哥的人文風景。

摩洛哥瀕臨大西洋與地中海，歐洲文明的開放與回教傳統的神祕，兩種迴異的氛圍環繞，讓孤獨的隻身旅行在心底有應接不暇的喧鬧。遠的不說，近的在等M來接我去火車站的短暫片刻，心情如盛開、美麗的姬白合，將來臨的風景似乎以明亮、抽象、神祕等諸多想像，迎接我。

花白的頭髮，微胖的身軀，準時無誤，M笑盈盈的走來。這次，他堅持送我到車站，一抵車站，以為像平常的告別，揮揮手，我進站，他把車子開走。結果不然，他停好車，拉著我龐大、沉甸的行李，一看時間還早，邀我進咖啡店等候，他點了 expresso 我點拿鐵。心事，他慢慢地說起，我靜靜聆聽。樹葉，隨著微風輕輕顫抖；話語，自他口中娓娓道來，歷史乘著記憶時光隧道，過去的歲月如光影在樹幹枝椏下閃動不止。

敘利亞，人類古文明國發源地之一，也是上古時期基督教與伊斯蘭教的重心。十六世紀十字軍的東征，成為土耳其鄂圖曼帝國的勢力範圍。十八世紀法國侵入，成為法國保護地，一九一六年敘利亞發動起義，脫離了鄂圖曼帝國的版圖，成為法國屬地。

一水之隔的地中海，跨過了便是北非，沿岸諸國包括摩洛哥也於一九一二年為法國所占領，成為屬地之一。第一次世界大戰時，法國為維持其強權統治勢力，調兵遣將，徵派聰明才智高人一等的敘利亞人前往摩洛哥，為法國人效命。

於是，M的父親隨同眾多的敘利亞人，無法主宰自己命運，如同蒲公英隨風飄送，落土異鄉。

我的安靜是一條引信。回不去的家園，敘利亞的阿利波（Aleppo），一個千瘡百孔、屢經砲彈洗禮的頹傾之城，是他的故鄉。年幼跨海來此，一輩子異鄉打拚創立了塑膠產業王國。何以料及，黃昏年紀，想告老返鄉，昔日的歷史名城，人類發源地古老的定居點，如今藉著電視畫面，隔空看到的斷垣殘壁，河水依然流淌，家園不再，情何以堪？

生命行到水窮處，自有轉彎時刻。我輕言勸慰，他頻頻點頭示意了解。他的話語餘音盪漾，像海水潮流滾滾而來，我的出發變得無關緊要，火車站牆上的時間班次螢光閃亮著。心想，總有一個是屬於我的，如果沒有也沒關係，一個人的旅行是無價的隨性、自由、開放的。不寂寞，因為有很多東西相伴，包括思念的朋友與喜愛的書本。乘坐的列車如果沒有目的地，是否也是另類的旅程呢！

咖啡喝完，他貼心的拉起行李拉桿，跨過平交道，越過月台護送我到車廂。火車是古典歐式的，一個房間接一個房間，他與我並坐，一副等車開要隨同我旅行的頑皮樣。那時候，我倆如孩子般不禁笑開來。

窗外，風涼，椰影微動，陽光照耀，火車的鳴笛響起，M在月台揮手，與風和光，一起拂過。

她名叫 Madame

她貌似柔弱，實則強大無比。

旅程，超過一天一夜二十四小時以上的飛行，多次轉機，有別以往的深夜抵達，在亮晃晃的白日豔陽天，燦爛盛開的九重葛迎接下，我們安然落地。機場大廳內，一群人等待在行李轉盤旁，專注目視旋轉中的輸送皮帶，突然燈熄了，一片漆黑，眾人若無其事，處變不驚。停電在此已是司空見慣。我從南方來，抵北邊大城，南北兩城距離一千多公里，搭飛機如坐公車，沒直達，中途停一站，旅客上上下下，因此把短短個把鐘頭的航程飛成了大半天。從車窗望出，路旁花朵嬌豔盛開，老樹粗壯肥胖，枝椏懸吊的葉片披著一層灰塵薄衣。十字路口車一停，蜂擁而上的孩童是流動的店鋪，手腳是店鋪的貨物架，掛滿了民生用品與食品。號誌燈的轉換中我的錢包來不及掏出，車子已發動，一群穿著夾腳拖的孩子，追逐著排氣管釋放的縷縷黑煙，以及車內的我，心中一股久久不散的悵然。投宿旅店，房間在三樓，無電梯，黝黑瘦癯的門房一手拎起沉甸甸的行李直往樓上衝，我跟在後，心猶不忍，他頻頻示意他力量夠大。飯店上下，服務人員謙卑尊敬的態度，難以言喻的尊榮感。一個瘦小的身影浮上記憶腦門，那是去年投宿時一位為我服務的中年門房，不知他是否仍在此工作？

黑暗中，他走前頭我在後方。繞著彎彎曲曲的巷弄拐來拐去，沒路燈。坑坑疤疤的泥土路，摸黑前進。除了要小心跨越地上凹凸不平的窪洞，並注意施工中建築物的圍籬。一陣子後，他步伐愈來愈快，我快跟不上，不禁喊叫：「等等我啊！」他停下並回頭走向我。我走得不慢，他更快。我要走走路，是因為晚餐吃得撐，他走路是每天的工作。他體貼的舉動讓我的心頓時柔軟起，開始與他交談。

他的家庭食指浩繁，只靠他一人工作，是當地的典型勞動家庭。此地回教徒居多，不興節育，男人有兩個老婆的習俗，孩子也因此愈生愈多。與他有一搭沒一搭的交談，當他說這句話時，「我有個讀『university』的孩子！」語調明顯上揚。原來，全世界有個共通的法則，窮困的家庭有個受高等教育的孩子，全家就充滿了希望。

黑暗中我們繼續走，話匣子一開，開心交談，附近有一賣場，就當飯後閒逛。當我沿著陳列架巡視時，他已忙不迭提個籃子隨侍在側，我結完帳，他又搶先幫忙提東西，甚至回飯店提上樓，用鑰匙打開房門，恭敬讓我入內，他才作揖離去。

未踏入 lobby 之前，我掏起皮包，內內外外，看看是否有適合的東西送他？終於，找到一支精美的紀念筆。拿給他並真誠的對著他說：「請把這支筆交給你那念『university』大學的孩子！」

在這裡，我沒有名字，唯一的名字是「Madame」。旅店上上下下，櫃台、經理、門房、餐廳主廚、服務生，人人叫我「Madame」。當他這樣稱呼我時，有些微異樣的感覺。因為從來沒想過自己一個私人小事，不過是散散步、上街買東西，卻要有專人作陪，而且陪得這麼理直氣壯。

非洲五十四國，翻開歷史，非英即法的殖民地，葡萄牙寥數。這城在奈及利亞的北方，窮鄉僻壤，過去有大英帝國的統治歷史。一張張黝黑、皺紋橫生的臉孔承襲了昔時社會階層的尊卑傳統，他們是園丁、廚子、司機或工廠幹部，稱呼雇主是「Master」。

Master 大多數是黎巴嫩移民，就像東南亞的華僑，經商有成，來到了第二、三代。他們住著花園洋房，有著花木扶疏的庭院，舒適的游泳池與烤肉吧檯，僕役成群。

有 Master 相對就有 Madame。一個典型的身影馬上浮現我腦海中。

首次受邀作客，路上司機不停地為我講述關於她的故事。他口中的「Madame」，勾勒出堅毅卓絕的影像，還沒見到她人，就深具好感。

她，年輕時隨著丈夫來到了非洲，胼手胝足篳路藍縷，創立家業。白色的頭巾下包裹著秀麗的臉龐，纖細的骨架飄逸著伊斯蘭教婦女長袍，在以男性為主的傳統街市上顯得醒目突出。吵雜、擁擠的批發市場，摩肩接踵的人潮，她的攤位，五顏六色的花布在她盈盈笑臉中，一匹匹經她巧手售出。來來往往的 Al-Hajj＊樂於走向她，打恭作揖 Madame、Madame 輕輕喚，給了現金，抱走了布匹。

回到大房子，她搖身一變為家庭主婦，像個威儀萬千的皇后，帶領著眾家丁把家打理得有條不紊。她精烹調，餵養著孩子，一個接一個，長大了留學倫敦或巴黎，學成回到她身邊，工作或婚嫁。

周末盛事，家人齊聚一堂，她的孩子帶著孩子成群結隊地回來。廚房裡，纖細的她在爐火前指揮若定，煎、烤、燉、炸……各種地中海美食的手工菜，用她的愛心精美呈現。子孫吃著她親手做的食物，滿室的笑語鈴噹，食物若珍珠，把家族成員一個個串連起來，她說每周這一刻是她最大的滿足與安慰。

多次作客，看得出一種氛圍，她是眾人的母親，有血緣跟沒血緣的都是，包括她的孩子和孫兒們，以及為她工作了大半輩子的家丁。每人有事找她，除了自家兒孫們，還有為她工作的家丁，大人沒錢找她，孩子病了找她，凡事有求必應。他們稱她 Madame，她發號施令，而喚她 Madame 的人，愛戴她，樂於為她所差遣。她貌似柔弱，實則強大無比。我想該是她用愛與熱情，把這家打造得如城堡般的堅固，住在裡面的人無不獲得庇蔭。

相較於她，當他們呼喚我 Madame 時，我實是脊背發汗，涔涔流下，心虛不已。

Madame，我細細咀嚼這稱呼的背後意義。

＊注：Al-Hajj 指去麥加朝聖過的回教徒，這裡泛指當地人有尊稱之意。

夜半折返的拉格斯

轟隆轟隆的發電機響起，一會兒燈亮了，卻點不亮我心中那一大塊隨著燈熄掉的悽然。

夜晚，車河亮起的照燈，像一束光綢緞帶鑲在一條條的馬路上。人潮漸漸湧現街市，如螞蟻出洞，漫漶一條條的道路。穿越車陣的人群雜陳，喇叭鳴叫，亂字是屬於拉格斯（Lagos）的周末晚上。

探索一個城市，食衣住行，融入當地生活親身體驗，無疑是一把直接開啟門扉的鑰匙。面對混亂的街市，雖如一頂無形、沉甸的大帽壓人頭上，我仍滿懷興奮地登上車，作客當地人家去。

拉格斯，這個非洲撒哈拉以南的最大城，非洲第二大城，兩千多萬的人口相當於台灣的人口總數。我的技師已先行來此駐廠五天，傳授技術給廠內的工人。我則在最後一天抵達，做交機的最後工作。下飛機，忍著超過一天一夜飛航的疲憊，直奔工廠。

午後三點，臨午休，我的朋友也是這次售後服務的對象——X，一個在他鄉異地創業的年輕小夥子，指著早上從家裡帶來的兩個飯盒，對著我說這是我們的午餐。四人分吃兩小便當盒？打開一看，阿拉伯香料羊肉飯，無半根青菜，飯已冷。他要我們先吃，這麼窘迫的吃法，我怎麼吃得下？藉口早餐吃得飽，默默的把餐盒留給他。

他，一個年輕人，我兒子般的年紀，他的工廠、他的人生剛開始，他需要大量的食物與能量。那是當下我最直接的反應，回到台灣什麼東西都吃得到，我怎麼吃得下他唯一的午飯？

傍晚，工作告了一段落，他誠懇的邀我們去他住的地方晚餐。確切的說是他朋友的家，我有些好奇這大城市的生活型態，便爽快的答應了。

但是車行許久仍如龜速，看著打結的車陣，回想出發前的光景，有些明白朋友當時要我們退房的心意。

出發前，飯店的庭院裡震耳欲聾的熱門音樂響起，烤架上魚香味與火炭煙交雜，縷縷上升，飄浮空氣中，誘人食慾。就在我要蹬上車後座時，他轉頭對我說要我們退房去，今晚留宿在他那裡。心想不過是同個城市，何必大費周章，婉言告知明天要搭機往他城，晚上需趕回來。往往旅行的習慣，抵達目的地的首日必是謝絕一切邀宴，休養生息，以調時差。傍晚，已是台灣的凌晨，生理時鐘告訴我睏倦已極，我還是勉強撐著精神。

半天的相處，貼近了他的生活方式，目睹他的艱辛，有些憐惜與敬佩。每天凌晨四、五點便得起床，天未亮趕著出門，因為工作地距離遠，車程至少要一個小時以上，如果碰到堵車，一趟路便是二個小時以上。交通的辛苦是有形、可以克服的難題，隻身漂泊他鄉，遇挫折時無親人在旁慰藉，是無形的心理負荷。

他說這個工廠是花盡他十年來打工的積蓄。過去，在高溫藏有黑金的波斯灣國度，如沙烏地阿拉伯或卡達，他日夜辛勞工作，一點一滴的攢下錢。當他意氣風發的對我說，我供應給他的機器只是他創業起步的首部，以後將會擴廠至無數，他期許日後成為我公司最大的客戶。

我笑而不語，他的話直扣我心房，在他的身上彷彿看到屬於我的年代，有諸多年輕者勇於追夢的故事。他是否成為我公司最大的客戶，並不以為意，而是他那句十年來打工生涯講話時的神情，一副落拓不羈的青春銳氣，從他眼中我讀到了年輕靈魂對人生、夢想的渴望。

他過去的拚搏是為了生存，就像動物在叢林裡窮極所能覓食一樣。年輕世代的生命力旺盛，能克服飄流移動的難題，進而與生存搏鬥。深處這混亂的大城市，目睹他孤軍奮鬥，與台灣年輕的同輩相較，不禁在心底為他喝采。

心想著白日的種種，腦袋瓜開始沉重起來，眼皮自動闔上，不敵千里迢迢而來的時差，昏沉中感覺車子時而顛簸，時而猛然煞住，走走停停。車內一陣窸窣細語後變成急促高昂，我猛然驚醒，窗外一望，燈火明亮，人聲沸揚，喇叭齊揚，屬於晚上的另一股活力似乎正要上場。

一張張漠然的臉孔，隔著車窗慢慢地隨著街市往後移動。他們是街市一景，行色匆匆的歸人，或是個小小、流動的攤販，尤以後者引人目光。販者的身軀，胸前、肩膀或背，都是展示架，飲品，頭顱頂著；用品，手攜提著，沿街販賣。露天市集，席地販售，一波接一波，漸漸淹沒於喧囂的街頭和閃爍的街燈中。

拉格斯是非洲有名的紊亂城市，它有多亂？我有個北非的朋友告訴我，他們曾經到這城市參加球賽，不出賽時關在旅館不敢往街上跑。很久以前我住在此地朋友家，出門保鑣必隨行，進了門，重重道道的門鎖緊緊扣上。多少年過去了，治安已改善，交通卻變得擁擠不堪。當人人視這裡為危邦亂城時，我想要親眼看看X如何在惡劣的環境下，仍然可以活得火火熱熱。

我想從他身上一窺世界之大。我們都是離家千里的異鄉人，如何安身立命是吸引我深入探討的課題。晚餐的邀約，我期待在餐桌上跟他分享我諸多經驗，在很多新興國家關於產業成功的要訣。想要告訴他，成功者最大的關鍵是他們不斷的流汗、學習彎腰與忍受挫折。

我似睡乍醒，聽著車內嚴肅的討論聲，緊張氣氛不亞於我幼時躲砲彈防空洞。原來車開了兩個多小時，還不到路途的一半，朋友說按照這種龜速，抵達目的地恐怕已是三更半夜了。必須當機立斷，繼續前進或馬上撤退，迅速決定，付之行動。最後決議放棄原計畫，X搭乘路邊的摩托車回家，讓司機打道回府送我們回飯店。

這一折騰，原車回飯店又是另一個小時之後了。坐在餐廳裡又累又餓，點餐時燈突然熄了，一陣漆黑，侍者黑暗中為我讀誦菜單上的菜名。轟隆轟隆的發電機響起，一會兒燈亮了，卻點不亮我心中那一大塊隨著燈熄掉的悽然。

深夜中，當喧囂漸趨於安靜，憶起白日裡的點點滴滴，感覺拉格斯的一天真長，不是漫長，而是千迴百轉、充實的長。年輕者的影像又浮現眼前，他真像一顆種子落在貧瘠的土壤上，奮力的抓根著地，期待沙塵陰霾季一過，轉為欣欣向榮。

我如此想著，便疲憊的睡去。

強大的心

重生，並且能邁開大步往前走。我從食物中微微嗅出一股希望的氣息。

餐廳，就像他站穩人生的姿態。從奈及利亞到幾內亞，從年輕小伙子到灰白髮的中年。

鬧市中心，方圓百尺無不是髒亂狹仄的老建築，坑疤的馬路鎮日車水馬龍，人潮喧囂，相形之下，他的餐廳像貴婦，無珠光寶氣卻優雅從容的站立街角。

第一天上門，是拜訪工廠完，朋友說約去他的餐廳午餐。一聽他也在這城，我心頭一亮。

潔淨通透的玻璃門自動打開，挑高的樓層，大木製長桌映入眼簾，沉穩矗立。展示櫃左右各立一，右邊是一桶桶五顏六色、香軟綿細的冰淇淋；左方則是陳列藝術品般的甜點，後面木作牆階梯式往上延伸，展示各類秀色可餐的麵包，尤以法式長棍麵包最為奪眼。

這是城裡首家現代化的餐廳，也是朋友的心血結晶，到處看到皆是愉悅。扶著迴旋梯上二樓，有乘坐時光機之感。黑色鐵製欄杆的扶手隱約浮現舊時代風情，奔放與寬闊自然展開。二樓，臨街的兩大片牆面砌飾以落地玻璃，舒適與明亮，彷彿心情帶著羽翼，飛行而去。木質地板厚實的擁抱足跡，一室的安然。朋友領我往內走，一個玻璃帷幕隔開的獨立房間，牆上印著美麗的水煙藝術圖案，配上斗大的字「SHISHA」。

久別重逢的老友臉上多些風霜與慈祥，小我七歲，却已晉身祖父輩，因伊斯蘭教文化早婚嫁早生育子女。這個餐廳，兒子與他共同經營，午餐時刻座無虛席。寒暄完，我不加思索衝口而出：「這店怎麼不開在拉格斯？」（奈及利亞首都，被稱世界人口最多的城市）

以為失言，沒想到他從容的回答我：「我兒子也問了我同樣的問題。」拉格斯是西非最大的城市，有台灣相等的人口數，他大半輩子經商，眾多人口是市場的代名詞，我們都明白這道理。

我們相識於奈及利亞的北方城市，他是黎巴嫩人生長在非洲的第二代，承襲祖先腓尼基人擅於航海經商的優良傳統，小時家窮，兄弟眾多，遠離家園隨著哥哥渡海，落腳在西非討生活。

離鄉背井的人尤能吃苦，剛踏入非洲，他的家族從傳統市集的擺攤開始，慢慢建立起買賣批發業與製造業。唯他一人鍾情於餐飲業，在家人的一片反對聲浪中仍執著且默默耕耘。於是，一間偌大複合式的餐飲店——麵包店兼餐廳，在城市裡風風光光營業起，終日門庭若市，名聲卓著，因此帶動了當地的烘焙業。

有了前面的創業基礎，我想來到此地的幾內亞首都——科那基（Conakry），他應如魚得水，一帆風順。但是，聽了他的創業故事，情況並非如想像般的容易，佩服之心油然而生。

幾內亞可說是地表上最髒亂、非洲環境衛生最糟的國家，很多傳染疾病起源的溫床。他的創業過程要比在任何國度來得困難幾百倍。原因很簡單，很多我們認為稀鬆平常的事，在此卻變得如登天般地困難。餐廳的前身是一棟廢棄大樓，能夠脫胎換骨誕生，是他投入一年半的殫精竭慮，加上鉅額的金錢。所見的一桌一椅，一杯一盤，莫不是煞費苦心設計、尋覓、購自國外。所用的一磚一瓦，水電管線，烘焙設備，經由他的執著與用心，賦予餐廳新生命之骨血與軀體。

最困難莫過於語言的障礙，奈及利亞屬英語系國家，而幾內亞是他不熟諳的法語國家。每天開口與人溝通如啞巴般無法說出一言一語，盡情表達所思所想。

重生，並且能邁開大步往前走。我從食物中微微嗅出一股希望的氣息。

我點了一捲沙威瑪，配上新鮮的柳橙汁當午餐。三兩口解決了它，吃得津津有味。

沙威瑪是起源土耳其的三明治，流行於阿拉伯世界。嚼勁有加的餅皮裹著醬汁烤肉，襯以生菜酸黃瓜，舌尖餘味，久久不散。思量許久，為什麼我認為它好吃？原來這食物握在手裡的溫熱，好像來自餘燼未熄的自家廚房，一股親切感與鮮美的家常味令人留戀，儘管這食物一點也不屬東方或是台灣。

愈簡單的食物愈能見真章。見微知著，他經營餐廳的認真度，從這小小的沙威瑪，一窺道理。

離開科那基臨去機場時再度去了他餐廳，與他告別。豔陽高照，涼風徐徐，樹影拂拂，宜人的溫度，身上僅薄衣一件。我倆對坐，一人一杯新鮮柳橙汁，閒話家常。

奈及利亞是他旅居三十幾年，視為第二故鄉的地方。他如一棵移居的小樹，日子久了，異鄉變故鄉，生意有了基礎，日常有了友誼，並深諳當地土話，這些令人心安的條件如樹根牢牢深埋泥土。不幸的是，北邊博科聖地恐怖主義未平息，邊境貿易每況愈下，貨幣貶值，通膨嚴重，流浪、離家的人沒有悲觀權利，再度遷徙遠離人為的惡土黑山。

現在，餐廳一切就緒，營運上軌道，他開始沉澱細想，生命的出路何去何從？餐廳，像他另類的孩子，最重要的是要給他真正的孩子——兒子，一課扎實的生命教育。用另類的孩子誕生的過程，教育他真正的孩子。

「建構這餐廳，數不清的困難，如果沒有一顆強大的心，是過不了難關。」當我揮手告別時，他最後這句話，「強大的心」，如巨大的迴音，一直迴盪在往機場的路上。

Bon Soir！撒哈拉！

隨著時光沙漏，經過多少的日月星辰，它不曾為誰變換過顏色，卻隨著四季更迭不同的樣貌。

一

遠方波光閃閃，海洋的氣息隱默於喧囂的魚市裡。一攤攤橫陳的魚獲，種類特多，比大小、比肥胖競賽似的並排著，都是自一旁的大西洋近海打撈上岸的。尼曼高大的身影隨著頭頂上的陽光在魚攤上移動，鐵灰色鴨舌帽下露出布滿疲倦的臉龐，深邃的眼眸帶一股成熟的魅力，卻令人費解他眼神投射的焦點。當他緩步而過，有人向他寒暄卻恍若未聞似的。

如往常般來到漁港解纜索駕著小船出海去，是多年來的假日休閒儀式。居住在沙漠邊陲城市，沙海一望無際，腦海中彷彿還停留在剛剛路過的一片沙漠畫面，清晰的聽到沙子細語、呢喃，最後轉為哭泣。

已經一個禮拜了。尼曼百味雜陳的情緒反反覆覆，緣由只有一個，他的妻子不見了。「親愛的尼曼，我走了。」如常的下工日，在妻子的梳妝台上發現了這張小小的紙條，簡短的一句。

一剎那，驚恐、生氣、無助、沮喪、難過……，各種情緒湧上。最後，他終日靜默無言，如一片廣大無垠的撒哈拉。

他的心海如風暴中的沙漠，天空籠罩著一層薄薄的沙塵，似是靜默無言，卻像是波濤洶湧的海浪，一波又一波。

二

無情的戰火總是迫使很多人離開家園，遠走他鄉，更何況是尼曼的祖先，天生的優秀商人腓尼基人的後代。尼曼的祖父就是在躲避戰火逃難的情況下，渡過這一泓汪汪的地中海，最後停泊在非洲大陸塊的東北角，一個名叫塞內加爾的國度，住了下來。

尼曼的童年隨著經商的父親穿梭在沙漠中的部落族群裡。挾著法屬殖民地的遺風，白人的尼曼一家在當地也是屬於高高在上發號施令的一支族群。家中舉凡廚房料理、園藝掃灑、幼兒照料，僕役成群，各司所職。當地黑人伺候尼曼一家子，有的甚至沒有薪水只圖有棲身之地或溫飽而已。

自小尼曼與奶媽習得一口流利的土話，土話只說不能寫。書寫得上學去從正式的法語教育學習起。而阿拉伯話是家中父母與他們孩子間的對話語言，甚至有空時拿著筆與紙教他們兄弟姊妹阿拉伯文，屋頂上架著大大的白喇叭天線，二十四小時可收播世界各地節目，大人們常一打開電視就是中東的頻道，尤其關心兩河流域的家鄉因鄰國的戰爭湧入大批難民的動態。

懵懵懂懂的幼小心靈，隱約覺得自己與周遭的黑皮膚孩子不一樣，就像家中僕人們雖然「尼曼、尼曼」口中喊著，態度總是恭謹謙卑非常。稍懂事，父親才開始對他敘述起關於家鄉的種種。

「我的父親也就是你的祖父告訴我，我們的家鄉是位在於一個歷史悠久的地區，那裡有肥沃的土壤可以種出香甜的瓜果，有美麗的海岸線。國家雖小，兩小時內你駕車遊走四處，可以見到不同的景觀，像是：碧藍如鑽的大海、皓皓白雪的山頭、與翠綠如茵的山林，真是美麗極了。」父親口中形容如天堂的家鄉，不由得令人悠然嚮往。

「那為什麼我們要離開家鄉呢？」那時，小腦袋瓜的尼曼想不通，還反問父親。

「如果不離開，恐怕你今天就變成流離失所的難民兒童了。」父親不疾不徐地回答。

不，他不願這樣。尼曼腦海中閃過的畫面是常在電視中出現的場景，例如：斷垣殘壁的瓦礫中，倉皇逃離與驚慌失措的孩童。不，他不願變成他們。又一次他在心底吶喊著。

三

離鄉背井的遊子在異鄉落地生根，生存之道是白手起家的從一杯水必須靠自己掙來開始。尼曼的祖父剛開始受雇於他人，以勞力打工為生，像店小二又像帳房，幫僱主打理一切。買賣的商品如鑰匙，打開了沙漠各個國度的門戶。慢慢地累積本錢，自立門戶。

他有著腓尼基人天生商人的優良血統，從歐洲、遠東進口大量的民生用品與紡織物，轉賣給當地人。尼曼的父親自祖父接下商業的棒子，在瀕臨大西洋的城市達卡進口，往北走入沙漠中的城鎮，即是茅利塔尼亞的廣大國度。生意的型態早期是以最原始的方法，傳統的駱駝隊伍馱著貨物供應給物資缺乏的沙漠地區。尼曼自小在父親身旁習得生意門道，用的是最原始的耳濡目染的方法。父親似乎有天生嗅覺的商人本領，在每年七、八月雨季過完的秋收時分，中盤黑人販子湧向父親的店舖，背著裝破舊紙鈔的麻布袋換成他們需要的日用品，包括一匹匹色彩鮮豔的蠟染印花布。

二樓辦公室空曠簡陋，只有一大張桌子坐著黑人會計專門收錢用。三、四歲的尼曼常常頑皮的一袋一袋學數數，如將軍點名排排站的士兵，士兵們卻不答數地默站牆角，數著數著若數錯了，黑人會計便出面糾正他。

父親的生意隨著氣候變化有高低起伏，最慘的是如秋收欠豐。遇此情況，黑人中盤積欠貨款不償還，舊債未清又上門來批新貨，造成父親資金很大的周轉問題。這時，父親會悄聲告訴他：

「我們將給他一次機會，假設他是可以被信任的。」這個機會往往考驗著人性，大部分的結果是客戶拖延時日，償還了舊帳能夠繼續往來。

「但是在他們給機會之前，你必須對其背景有充分的了解，甚至對於他的賒賬額度有所管控。」父親緊接又補充道。

尼曼自幼目睹父親這種有原則且給人餘地的生意模式，時日一久，培養出一批忠誠的客戶群，這也是能夠在沙漠的分散市場裡建立基業的原因之一。

沙漠無門戶也無窗扉，從這國度飄流到另一國度，如逐水草而居。花色蠟印染布裹著肥胖身軀的女人且裝飾成高聳的頭巾，是西非眾多國度的風景。因此，父親商人的本質如敏銳的獵人，以紡織布料為餌，馳騁至茅利塔尼亞這塊更大的獵物區，雖然它是不毛之地，但是父親看上的是一塊潛力無窮的商業處女地，主要是無競爭對手。

離開原鄉的人，通常是懷抱著處處無家處處為家的觀念，何況離鄉背井的人為著就是一個莊嚴的理由：如何生存下去。最後，全家落腳在這個荒涼、不毛之地的沙漠城鎮中。

四

風，冷冽地刺人，帳篷一處處散落在無垠的沙海中。目光如獵犬般地搜巡篷內，企圖找尋游牧人蛛絲馬跡的生活面貌，可惜除了地上的蓆墊外，空盪盪無任何他物。偶而，裹著層層布裳與頭巾的游牧人緩緩踱步而過，如一抹動人的風景，停格於布幔般的一片純白沙海裡。剎那間令人無法不動容於造物者的奧妙與偉大。老老少少的駱駝，一群一群，一步一步，也是沙海另一幅風景。這圖畫，如果是出現在電影鏡頭，無疑是沙漠國度最具浪漫風情的想像。可是，除非身歷其境生活在此，有誰能理解沙漠裡的生活大不易呢?!

年少的尼曼隨著父親生意的腳步落戶在沙漠城鎮，依然以貿易為生。但是散居的游牧人口收入不穩且有時以傳統的交易方式——以物易物。

沙漠的生活腳步是緩慢沉滯的，教育也是，如沙粒中不豐美的水草。尼曼已有阿拉伯文與法文的教育基礎，漸成長，意氣風發的他仰望沙海的星空，想像沙海外的世界，星空裡每顆星子都在等他。

因此，背起行囊出走。他的理由令人激賞：「我想到外面更大的世界去，最好是求知識。」

他的父親二話不說即刻幫他安排一切，送到鄰近國家一樣是講法語的摩洛哥，寄宿在首都卡薩布蘭加的一位遠親家裡，展開他的大學生活。

卡薩布蘭加是一個現代與傳統、兼容並蓄的城市。因濱地中海，受歐洲文化薰陶甚深，開放民風有之；本質上又屬阿拉伯國家之一環，傳統保守風俗仍保存。尼曼生活其中，如魚得水，優游自在。

一日，親戚家來了一群客人，客人之一是位花樣年華女孩，初次見面，女孩秀麗臉龐在花色頭巾襯托下綻放青春的光彩。而最吸引他的是，當女孩乍見他時，豐頰緋紅如蘋果般，那一抹羞赧、靦腆的神情，深深地吸引住他。

那晚，他為她輾轉反側無法成眠，那張秀氣、欲語還休的臉龐，占據他腦海所有的思想，整晚。

女孩名叫苔蒂，從此尼曼的生活除了上課，苔蒂是他所有傾斜的世界重心。

尼曼的家族都是媒妁之言的婚姻，苔蒂的家族是屬名望之後應是有門當戶對的婚姻。尼曼一面為課業努力，一方面待學成後能帶苔蒂回沙漠的理想而奮戰。

接近返回撒哈拉的日子，尼曼不得不鼓起勇氣，三番兩次造訪苔蒂的家，在她父母親面前，表示兩顆年輕的心將在沙漠同行的決心。最後，苔蒂雙親只好屈服，但對尼曼立下但書：「因為你同是回教徒，我們可以同意你娶苔蒂回沙漠。但是，苔蒂從小在我們家不虞匱乏的環境下長大，請你一定要保證她的幸福。」

尼曼暗暗自我下決心，三、五年後務必拿一份事業的成績單來給大家看。

沙漠強烈的光影為這段美麗且艱辛的愛情故事，拉出了序幔。

五

回到撒哈拉，尼曼不再是單獨的一人，為了苔蒂，他想在撒哈拉建造一個屬於他的王國，並且期望三、五年後，拿一份亮麗的事業成績單秀給苔蒂雙親看，基於男性自尊這比什麼還重要，所以他要更加努力，朝目標前進。他清楚到回教國度裡，男性的責任重大，除了有家的堡壘，尚有事業的版圖。尼曼想了想，向父親提出製造工廠的構想，很快地獲得父親的支持，蓋工廠、進口機器設備與原料，生產塑膠民生用品。

這種工廠在撒哈拉寥寥可數，且經營型態與他父親以前的貿易相異。生產工廠著重於技術、品質、資金等面面俱到，二十四小時運轉，精神與體力耗費甚多。但是，下意識中他有一種莫名的虛榮感，每天進入工廠看見工人賣力的工作，精神不知不覺亢奮起來，總覺得日子變得希望無窮起來。

彷彿天地之大，沙海之廣，尼曼肉身雖渺，在彳亍獨行的身影，一步一履之中漸顯漸放大起來。

這段在人生旅途中屬於奮鬥的時光，辛苦、單純且快樂，每天早上早餐過後，拎著苔蒂為他準備三層提鍋的午餐進入工廠，迎接一天的忙碌。

在工廠，他發號施令，頗有君臨天下之氣勢。每天一抵工廠，就有人迎上接下手中的公事包，一入辦公室，熱茶奉上隨之冷氣打開，大小事有人伺候。隨後聽取不同的簡報，甚至還應接不暇地接待謀生不易的眾多上門求職者。時日一久，舉凡生產狀況、市場銷售、機器維修、能源消耗……對於製造業的摸索與營運，漸入佳境。

乘勝追擊，他向家族再度提出建議：「撒哈拉地廣運輸不易，民生用品缺乏，如果要再投資生產，應該慎選產品屬進口不易、材積大的塑膠用品。」

他說這話的意思眾人明白。自從中國大陸成為世界的製造工廠，很多產品從那裡進口比自家生產還便宜。

眾人附議，由尼曼主導，達成協議，設立建築用的巨大水管生產工廠。沒想到沙漠地廣人稀，用量有限，機器開動有一定的門檻產能，機器生產一個禮拜，便要休息三個禮拜，把存貨賣光再繼續生產。

沙漠生活大不易又一明證。但是對尼曼而言，他追求的不只是填飽肚子而已。他希望無垠的沙漠下，星空的夜晚，每個星子都為他燦爛地點亮起來，他一點也不寂寞，因為有苔蒂同行。

儘管第二次的投資不算成功也不算失敗，尼曼仍然積極的找尋各種機會，實現達到他理想的標準。

六

當尼曼全心全意地投入工作，苔蒂扮演著傳統阿拉伯世界女性不對外拋頭露面的角色。家庭便是她小小的王國，在這王國裡，她竭盡心血布置著溫馨的擺飾，擦拭著明亮的家具，廚房裡研究一道道可口的料理。

早晨，在尼曼晨起早拜時，比他早先一步她趕早起來烹煮熱騰騰的奶茶，配上起司與手擀自製的麵皮當早餐，緊接的料理午餐，裝入一只有保溫效果的三層不鏽鋼提鍋內，讓尼曼提去工作。像眾多的幸福夫妻模樣，尼曼輕吻她的額頭出門去，每天每日。

日子應該是這樣的幸福美滿的過下去？也不，現實生活總是平庸且死寂的。沙漠的時間有時像滯止的沙粒，烈日下，雨不來，灼人手心；豔陽下，風不語，噬人心慌。

尼曼晚歸，疲憊已極，人拋在沙發上，眼睛盯著電視，但是電視上的聲光影音似乎與他無關。腦海裡盡是白日裡停頓的機器、市場尋不到的零件、懶散不賣力的勞工、趕不上進度的生產線……。種種令人頭痛的問題，倒帶似的在尼曼腦海中反覆的上演著，白天對工人的咆哮，不知不覺中帶回給苔蒂的問話，做妻子的知道他在外面打拚有解決不完的難題，對他採取包容的態度。日子一久，漸漸地苔蒂臉上的笑容因家中浮游著沉悶的氣氛慢慢減少，再減少。

直到有一天，兩人因細故大吵一架，苔蒂奪門而出，開車出去。尼曼似乎度過一個漫長的下午，分分秒秒折磨著他的每根神經。待傍晚苔蒂歸來，他大喜把她擁入懷裡，並求她原諒他的壞脾氣，且要她以後無論如何絕不能再離家出走了。

沙漠的愛情被現實中生活的柴油米鹽醬醋茶磨損失色，脆弱不堪，如海市蜃樓般地幻滅？似乎不盡然，生活的磨難雖一次次撕破兩人婚姻的和諧，如急嘯而來的海浪沖倒建立的沙堡，又因兩人的相依相近，一次次補綴起沙堡的堅實。

沙漠裡不同的族群構成不同的社交生活。尼曼為拓展事業，服務外地來此的人士，設立了投資顧問公司。這些外來人口為數最多的是來自歐洲的法國人，其次就是亞洲的中國大陸。這些人來此淘金也好，投資也好，或是大企業的設點分處，人地生疏，尼曼的顧問公司剛好扮演了引導的角色，因而結交了來自世界各地的朋友。尼曼夫婦因在地的優勢，與之互動往來的社交生活，為苔蒂單調的家庭主婦生活注入了一丁點活力。

七

豔陽下的一片沙白，光影的折射，彷彿是幾許色彩渲染其中，形成氣象萬千的天然畫作。沙漠因為有多國籍人士加入，形成一個小小聯合國縮影。尤其逢週末，大家聚在一起，連同家眷們談天說地，酣飲歡食。男人們喝著無酒精的啤酒，談論著財經現勢與國際新聞。女人們談論裝扮衣服與家庭，這是苔蒂沙漠定居以來最美好的日子，直到那天的意外事件發生。

沙塵暴未來臨的冬日，晨昏溫差極大。早餐一陣忙碌後送走了尼曼，家裡又恢復寧靜。庭院中，疏疏落落的花草，雖有足夠空間隨它們伸展，仍然像小媳婦似的侷促一隅。地表散發高溫熱度，陽光一如惡婆婆凌厲的目光，一掃而去，綠草更加垂頭了。

園丁手持工具，哐啷哐啷聲響地修理家中門窗，女僕跪伏地板上洗地擦地蠟清潔。苔蒂大聲喊叫女傭名，從廚房出，女僕抬頭應答並起身，說時遲那時快，苔蒂口中一聲「哎呦」尖叫，便硬生生地滑倒在地上。

剎時，鮮血涓流似的從苔蒂兩腿間汨汨流出，苔蒂倒地疼痛呻吟不已。女傭嚇呆了，一會兒才驚醒，打電話給尼曼從工廠趕回。

在醫院待了一個禮拜，苔蒂腹中的孩子來不及到人間，便永遠的脫離母體。尼曼從醫院帶回一個恍惚與悲傷的苔蒂。尼曼強忍自己內心的哀痛，面對苔蒂仍然束手無策，強迫自己埋首於工作。

兩人的生活似乎又恢復了寧靜，但比意外發生前多一股懾人的靜謐。

隨著日子一天一天過，苔蒂表面上漸漸復原，但是她心裡留下一大塊陰影，是尼曼看不到、越不過的鴻溝。尤其在夜深人靜時，尼曼溫熱的手貪婪地撫摸苔蒂每吋肌膚，並且愛戀似緊緊的握住苔蒂豐滿的胸脯，隨後急急地扯開苔蒂身上每件衣物，苔蒂溫順地被他壓在下方。當他身體的熱一陣一陣升高、散出，最後受不了掏出他熱呼呼的肉根子，粗魯的要把苔蒂雙腿撥開，挺進他再熟悉不過的那片海洋，這片海洋曾讓有他載沉載浮甚至足以滅頂也在所不惜的快樂。只是沒想到，在這緊急的當下，苔蒂死命的夾緊雙腿，並且哭泣似地喊叫：

「不要，不要！我怕，我怕，我怕懷孕。」

八

撒哈拉的落日如一只滾圓紅球掉入地平線，雖然一日未盡，但是沙漠夜晚的生活趨於靜止，等同一天的結束。很多日子，尼曼在這時刻拖著疲憊的身軀回家，對著一天來的難題、煩憂，道一句法文的晚安 Bon soir，這意義並不是深夜要上床睡覺另一句晚安（Bon nuit）的意義，而是傍晚的問安之意。日子一久，Bon soir 象徵鼓勵他告別一天將盡的不愉快，迎接嶄新的一天。這種感覺，他一個人偷偷藏著。

不知經過了多久，尼曼抬頭望著海邊西斜的金陽，遠方的撒哈拉沙海依然潔白亮眼。彷彿這沙海隨著時光沙漏，經過多少的日月星辰，不曾為誰變換過顏色，卻隨著四季更迭變換不同的樣貌。就像他自己，自苔蒂失掉孩子以來，他把哀傷埋葬於工作，藉工作救自己，而苔蒂呢？她找尋不到她的特效藥，他該幫她的，他心愛的妻子。

這一刻，他彷彿懂了妻子的心，重重地吁了一口氣，他不要讓這沙海變成如一灘無法流動的死水。

「明天就訂票去。」他下了重大決定似地緩緩起身。

Bon soir！撒哈拉！明天又是另外的一天。

輯二——海角天涯

這片天地，
它千古的等待，
難道就是為了我的到來？

雨，傾下奈及利亞北漠

無意中闖入這陌生的社會，我似乎扮演著觀光客，內心卻莫名如熱水翻滾。

沙漠的雨季，雨如水柱，急遽而來，傾盆倒下。瞬間，雨停了，陽光普照。沙漠的雨季，雨水愈多，秋收愈豐，攸關這年的好過與否。

雨一下，路面積水一漥漥，日晒，變成了坑坑洞洞。坐在車內，不停的抖動，五臟六腑有如跳曼波舞。深感居住此地的人如坑疤不平的馬路，秋收沒到，雨季過不完。

會議完，回飯店，過午。朋友說這時出發去釣魚已晚，因釣魚需大河遠在城外百餘里，不如城郊外的小河，有田野和原始部落，相信我會喜歡。

出發。

車後座，一個大冰桶裝了各式清涼冷飲，這國度來去超過三十年，盡是工作，頭一回郊遊去，雀躍之心加了翅膀，飛翔而去。

雨季的陽光，溫馴。茅草穀倉，泥土房屋，粗糙簡陋，一間間如風景畫般，與專心低頭吃草的牛羊，散落在畫布般的原野上。農作種植全是半人高的梗葉，飽滿的翠綠植物，是玉米或黍穀？兩者長相類似，難以分辨差異。屬於撒哈拉沙漠裙襬的西非鄉村景致，隨著車速節節後退，連日來的沉鬱心情舒展開來。這裡不是名勝古蹟，也不是遊樂場所，一草一木都風景，吸引我的目光。

朋友的車子忽地停在一處烤肉攤前。這裡約莫是部落的中心點，假日人群一簇簇，或坐或站，一種無所事事的氛圍。長長鐵叉串起肉塊，烈焰紅炭，炊煙屢起，鐵架上的肉塊慢慢轉成漂亮的金黃，香味撲鼻。朋友與他們嘰哩呱啦一陣後，車子再度發動。

我忍不住好奇他們的對話。原來，他最近得知地瓜葉營養豐富，部落不吃此菜，這裡是農業帶，他猜測應該有種植。果然，河流的對岸，一畝畝的玉米田，穿插少許菜園，就有種植。我順便告訴他，地瓜葉在台灣是家常健康菜，十分受歡迎。

澄淨的藍天如天真無邪的孩童；柔軟的白雲像荳蔻年華的少女，空氣甜軟得浮出音符。午後的陽光耀眼。粗壯的老樹頂天立地，枝幹綠蔭繁密如巨傘，吱喳的孩童遮陽樹下；吵雜的群鳥盤旋樹上，兩種風景，相映成趣。我不敵驕陽曝晒，也走避樹蔭下。怎知孩童一看我靠近，轟然鳥獸散，一雙雙骨碌碌的眼睛澄澈晶亮，掛在黝黑的臉龐上齊盯著我。我佯裝若無其事地坐在餘溫猶存的樹幹，眼角餘光覷著他們。

時光凝止，我似乎也變成小孩，好奇地追逐他們的身影。

他們大揹小，小牽幼，赤足貼著黃泥土，嬉戲玩耍，彷彿這裡是一座遺世獨立的海角世界。小男孩衣衫襤褸，頭頂一圓盤，花生塑膠袋包成小包，尖攏堆疊如小山丘，逢人兜售。我緩緩靠近，蹲下，與他同高度，輕輕地拿起花生，無聲的嘴型問他一包多少錢，打開錢包，他羞怯得噤言。朋友遠遠看到走來，一連串我聽不懂的豪薩語，付了錢，解惑似的對我說，他把花生全買了，且付錢超過其價值，要我放心。

無意中闖入這陌生的社會，我似乎扮演著觀光客，內心卻莫名如熱水翻滾。

朋友說，這個部落無水無電，人們多世居務農。「很多人終其一生不曾踏出這裡一步。」他喜歡釣魚，初次來有如陶淵明溯河尋桃花源，那是很久以前了，後來成為他的假日休閒之地。他是第一位闖入這個封閉世界的白人，那時外人的足跡微乎其微。首次來，人人目不轉睛地盯著他看有如觀賞稀有動物般。

河流兩岸，咫尺之近，靠舢舨渡河，是部落生活的縮影。不遠處舢舨噠噠聲靠近，河水因雨季變得黃濁、暴漲，下船來的人群莫不小心翼翼。瘦弱的小女孩肩上荷著乾柴枝，稚氣的臉龐讀不到屬於孩童的輕盈與歡笑，唯身上花布衫的色彩，是沉重沙洲的一抹亮點。瘦骨嶙峋的莊稼漢，一襲白袍飄飄，手持皮鞭，傍著牛羊群，緩緩走過，黃昏來臨。

風，樹梢間輕輕的吹，像一首無言的歌。雲彩，高空上靜靜地注視。泥土地，紅塵滾滾，人間的悲喜劇，上演著。

回程路上，朋友為我補習這部落的歷史與生活背景。

這個地區有三大農作物：玉米、黍、小米。可惜沒有灌溉系統，道地的看天田，雨水若下得少，農作物枯乾，收成少了，秋穫短缺，生活便拮据。

豪薩族是西非的其中一個最大族群，分布地方多，影響甚廣。奈及利亞北部、尼日南部、查德湖沿岸、喀麥隆北部、迦納北部以及西非其它各國，都有為數不少的豪薩人。約八世紀起，豪薩人在現今奈及利亞北部建立多個城邦。至十九世紀，豪薩族經歷了數百年移民和征服的歷史發展，故它源於不同民族的融合，發展至有共同語言和共同宗教的族群。

這個部落正是豪薩族群中的原始居民。穹蒼下，圓拱形帶尖的穀倉，絕美的景觀，令人好奇它的作用。朋友說那稱作「Rumbu」（豪薩語茅草屋之意）。我公司有一個老客戶，公司名就叫「Rumbu」。二十年來Rumbu、Rumbu直叫，不解其意而他公司的商標就是傳統的茅草屋。現在謎底揭曉，主其事的CEO曾貴為國會的發言人之一，後來轉戰商場，不忘本，以傳統茅草屋為公司名。瞬間恍然明白，原始圖騰也可以是時尚的標誌，舊與新不是鴻溝，以傳統加上創新，便是橋了。

當我對著茅草屋升起肅然起敬之心時，主人一襲傳統的白袍悄悄的出現了。我為茅草屋照相，與主人攀談，互動的情節沒劇本，卻自然演出，好像我們是旅居的都市人，趁周末走訪了鄉下親戚的他們。

主人掀起穀倉的尖頂大蓋，只見滿滿晒乾的黍物，長長的梗柄，尾端纍纍、飽滿顆粒。為滿足我的好奇，他遞給我一支端詳，邊善意提醒勿沾到手，以免瘙癢紅腫不止。

我們的談笑劃破四周的靜謐，高大的木瓜樹也醒了，青綠的木瓜一顆顆垂吊枝頭，肥碩青翠，像在凝聽。女主人悄悄的出現，揹著沉睡的小嬰兒。年輕的母親削瘦修長，一襲亮橘的傳統長裙隨風擺動，細看，嘴唇上著色鮮豔的紅，沒對準嘴唇的線條，可能就地取材於傳統的化妝品吧。哦！愛美不分國界，各有姿態，令人稱奇。

央得同意，入內參觀他們的住屋。朋友說按傳統是不許外人進入，因我而開例。二道迷魂陣似的迴旋土牆進入，真是別有洞天。正中央一個泥土空地，周圍散布著茅草屋，泥土地上埋鍋造飯。柴薪粗塊，炭火燒紅，圓鍋外燻黑，煮熟的小米一盤盤盛上，澆著疑是番茄醬汁，日常吃食，僅此而已。

角落裡雞鴨群隊，咕咕咕、啄啄啄，奔走追逐覓食去。孩童大揹小，或爬行學步，或嬉戲玩耍。我偷窺茅草屋，狹小空間僅容一張榻舖，顯然只是夜寢用，作息全與日照同步。這塊泥土地，多功能用途：是廚房、餐廳、是活動的客廳，也是畜養家禽或孩子活動的院子。我看得目瞪口呆，刀耕火種的原始生活在此淋漓盡致演出。我暗想，不只一戶人家居住吧，果然是兄弟妯娌集居，還有難得一見高齡祖母，典型的重視家族的伊斯蘭教文化。

男主人抱幼兒，來到我身旁。瘦巴巴、身輕如燕的孩子在父親的手中絲毫不費力，我看在眼裡，心裡莫名的沉重起來。我朋友究竟長年在此，一看不對勁，轉頭對父親說，趕快帶孩子去看醫生吧。父親點頭稱是，母親微微頷首，剎那間，我讀出她眼眸中的一抹憂傷。懷中的孩子，過輕的身軀，卻是她心頭的最重。

夕陽西下，晚霞滿天，我們要離去。茅草屋的生活，如此的簡單與粗礪，瘦弱孩子的影像如淅瀝淅瀝的雨流淌在沙漠裡，瞬間，又乾了。這裡，不是迪士尼，也不是環球影城。只是沙漠港埠外的窮鄉僻壤。無以數次的來去，首次探險，一切一切，致命似吸引我的目光。

雨季的陽光，如此溫馴。
泥土房和茅草穀倉，如此安靜。
澄淨的天空，如天真無邪的孩童。
生活如此簡單，我卻無法忘卻臨去前，妳眼眸中的一抹憂傷。
憂傷？是否因懷中的孩子。
他過輕的身軀，卻是妳心頭的最重
沙漠的雨季，過了嗎？

入味三種

一方水土養一方人，出現在餐桌上的食物，有了不同風貌。

歲末冬季，Harmattan（沙塵暴）的季節開始，撒哈拉沙塵將啟程南下，未來三個月灰濛濛的天空原來不是霧。

在非洲，每天忙碌，一日將盡夜深獨處時思緒常不安分，跳脫如野馬。這是我行旅每一天的收尾，孤單與夜、自己以及他方相處。我，希望能靜，卻未必能靜。能書寫的篇章，範圍甚廣，關於土地、資源、人情……千絲萬縷，我常世俗地想起食物，並為自己用了「世俗」這字眼而感到羞愧，食物是朋友心意的表達，「吃」並不俗氣，誰不為吃飯忙忙碌碌？

吃，在豔陽下紅炭烈焰，不見火花，卻能將網架上的雞腿慢慢燒成金黃色，燒成有家的溫度。一雙發亮的眼眸專注的盯著烤物，手不時忙碌的翻著刷著，抬頭迎見我，露出潔白牙齒朝我憨厚一笑。那是朋友的廚子。

恣意展開葉脈的椰棗樹，白牆上怒放幾近燃燒樣的九重葛，柚子果實纍纍的垂掛，光影鮮明。

斯情斯景，不能不說沒異樣感受。天真爛漫的問起主人這是如何長成？沒想到主人回說，這一切果實全是自動長出來，不用施用任何肥料。

暗暗驚奇，好像老天爺賜與這塊土地美好的禮物。但是也不禁感嘆，為什麼餵養不了這塊土地的人呢？

正午，樹影不敵烈日，害羞的躲藏起來，我雖顧忌被陽光紫外線晒黑，仍好奇的走覽庭院四周。只見柚子樹果實纍纍垂掛，九重葛樹梢怒放著豔麗的花朵，從方正白牆探出頭來，椰棗樹以傘開歡迎我。朋友一旁打趣，這裡土壤肥沃，種什麼就像我販售予他的機器全自動化，他沒做什麼，果實就自動的長出來。他說得誇張，卻讀出話裡有一份對土地的尊敬。

旅行在外，吃飯是個大問題，尤其在撒哈拉沙漠的裙襬地區。烹調方式迥異，且食材取得不易，若要維持與台灣相等的飲食水準，所費不貲。幸虧經年累月的來去，結交了不少當地的友誼，多少解決了一些吃飯的難題。

每天在工業區忙著，過午以後手機必響，那是朋友打來問我在哪？讓司機接去他家裡吃飯。他精心準備每天午餐，今天烤羊排沾白芝麻醬，明天烤雞腿佐沙拉，日日換菜色，來了，著實不好意思，不來更不好意思。

炭火烤羊排或雞腿的高規格接待，吃得我火氣節節升，喉嚨卡緊緊，暗示朋友要嘗試當地食物，才得以換菜單。

一方水土養一方人，出現在餐桌上的食物，有了不同風貌。山藥蒸熟，用大圓缽與木槌搗成綿密泥狀，再捏成球團，這是主食。配菜是秋葵加香料，用機器搗爛，小火慢燉成濃稠醬料。兩道一起食用如繾綣情人，你儂我儂，一同入口才能體會意難終之感。食物透過舌尖味蕾，彷彿嗅到泥土滋養的芬芳，加上陽光照拂的甜美。

「這裡的食物，都是天然有機的，十分的健康。」朋友以他大半輩子在此的生活經驗，頗具權威地說。我當然相信，納悶他一個人，卻雇用了二位廚子，太奢侈了吧。回家後浮沉於工作的一片汪洋中，飲食記憶如美麗圖卡，更像貼近心靈深處的相思，常莫名感到嘴饞。

◎

雪白的山藥泥，油滋滋的咖哩雞，譜成了戀曲，這媒人大手，正是原居在這塊土地的人。

我坐在他對面，只見他黝黑的大手，手指柔軟、熟練的在一大坨山藥泥來回搓揉，一會兒便揉出一個個恰好入口的泥球，和著油光香膩的咖哩雞，往嘴巴送。他潔白的齒牙隨著咀嚼的律動時而露出，與他專心一志的吃樣，形成眼前的風景。

這種吃法攸關在地文化，應是源自他祖先。不禁詫異，眼目所及，乾旱的土地，強烈的陽光，飛揚的沙塵，這一切的組合乍是貧瘠，卻給予他這麼一道津津有味的食物，上蒼的賜予真是神奇，令人遐思渺遠。

他邀我一起進食，我搖頭婉拒。回他午餐已在朋友家吃過了，晚餐另有約。

下午登門拜訪，與他巡視了廠房，回到辦公室已是下午五點。他打開兩個大圓鍋，說這是他的午餐，早上從家裡帶來的，我打趣的說已是晚餐了。他不在乎我睜大眼睛目視，自顧自地狼吞虎嚥起來，彷彿飢腸轆轆已久，邊吃邊與我有一搭沒一搭的閒聊起來。

他一身雪白直挺無皺痕的棉質長袍，隨著他的話語，我彷彿可勾勒出食物背後屬於他這類型的代表文化。一種屬於上流社會優渥的生活，舒適的大房子，僕役成群，物質生活豐饒。

「早上，先到批發市場的店面忙，下午再來工廠，提鍋裡的食物，是三個太太輪流做的。」他簡短敘述一日生活。

一聽他有三個太太，不禁笑出聲。我更促狹、不可思議的笑問，四十八歲的他，如何能有三個老婆與十五個孩子？都認得每個孩子的名字與年齡？三個太太彼此間相處沒有爭吵嗎？

他為我連珠炮的問題忍不住的笑了起來。伊斯蘭教國度一個男人可以擁有四個老婆，他努力工作賺錢是因為他喜歡有很多的孩子，所以打算繼續娶繼續生。身為丈夫，對待三個太太要公平照顧，她們之間要如姊妹情誼般的相處。

他的話語令人匪夷所思，對身為女人的我說，酸如檸檬，而他說得愉快、興奮，更如掐住開了幾個刀口的檸檬，用力擠壓了。

◎

他很年輕。他是離鄉背井的黎巴嫩遊子，在英國讀完書，選擇了非洲為他的就業市場。七年了，從剛開始抱怨所處環境的光怪陸離，與種種差異的扞格，到現在終於能安身立命。白天，在家族的工廠擔任重要幹部，去年獨自在城裡開了一家餐廳，圓了創業夢。那餐廳，是他心靈的依傍。

他開車送我回旅館，一路上興奮地訴說餐廳的經營，並邀請我去他的餐廳用餐。我常隨便打發晚餐，一來因時差、二因食量少，看著他的眉飛色舞，我不忍拒絕很快地被說服，接受邀請。他有事不能到，派了專車接送，誠意十足。我欣然赴宴，儘管餐桌上沒有主人。

迎接我們的是飾以燈光閃爍的庭院，植栽夾道的石板路，愉悅的氛圍，不光是碗盤內的美食，延伸至餐桌外，無所不在的浮游在空氣中。

他的餐廳名字——Bob's Restaurant。幾許自信宣告的意味，或是自我個性的定調，我默默猜讀。

飲料——Chapman，忠心耿耿的扮演它餐桌上的前奏曲。它是當地特有、但又普遍的調味飲料，白日的煩憂隨著鮮紅的液體搖曳在粗獷的玻璃杯中，一下子消失殆盡。我放慢心情，注視著液體沿著長長的麥管往上爬，吸吮一口，酸酸甜甜，它的組合不外乎是雪碧、芬達、柳橙汁、檸檬等調製而成，特殊的是一塊厚厚帶籽的大黃瓜，清晰可見，沉澱杯底。

從玻璃杯望出遠方，似乎白日廠房裡的問題，重重與巨大，一點一滴，隨著夜晚的涼風習習，逐漸式微。

從此，這款飲料讓我有了回家的感覺，在這國度裡。

首道開胃菜——Falafel，地中海的尖嘴豆，磨成泥，調味搓成橢圓狀，炸成金黃外酥內綿密的口感，沾白芝麻醬入口，口感豐層次佳；白芝麻磨成泥，以檸檬汁稀釋，小碟酸黃瓜與沙拉再佐之，一口一口細細品嚐，不言喻的幸福感散開來。晚餐未完，我傳簡訊給他：「Bob's Restaurant--The best international cuisine in town.（你的餐廳有這城市最好的料理。）」他馬上回覆：「Thank you very much for your kind judgment.I appreciate your support Mrs Sophia.（非常感謝妳的支持和仁慈的評價。）」

離去時，餐廳陸續進來黎巴嫩人和當地人，我恍然明白他開餐廳背後的心意。城裡有眾多離鄉背井的黎巴嫩遊子，餐廳的食物是鄉愁的療癒站，而對餐廳的主人而言，它是一個夢想的開始，而且已經起步，向前走了。

突尼斯的秋光

一個城市，如果沒有歷史，沒有滄桑，怎能堪稱美麗呢？

藍與白的邂逅，在地中海小鎮
美麗的邂逅，總是在意外與偶然。
水之濱、山之巔
藍與白，以最純淨之姿
如知音。抖落旅人的風塵。

這是在突尼斯近郊濱地中海小鎮，名喚西迪布賽義德（Sidi Bou Said）小城，留下深深的驚鴻一瞥。

商旅來去總匆匆，常常趕約會、趕航班，極少有閒適心情旅遊。這次，臨假日，偷得浮生半日閒，拜訪這名聞遐邇的藍白小鎮。蜿蜒的石板路從山坡迤邐到海邊，叩叩叩，我偷偷問，石板路啊石板路，你可細數過多少足跡？它靜默不回答。我提步輕盈上坡，忽然驚艷一株白茉莉探出牆來，從未有的如此悸動，花開燦爛，彷彿是為了我的到來。我一廂情願似解花語，它說它要繼續美，美了一夜的酣睡，依然想趕在日出前，綻放久久不散的香氣，在我轉身離去之前。

海風徐徐，石子路啪噠啪噠響，延頸舉踵，癡望兩旁，一棟棟白得發亮的房子，若隱若現在一片片的綠意、一欉欉的奼紫嫣紅中。如圖畫般的房子，無論是花雕鐵窗或圓拱門，均飾著藍色。從沒看過藍白兩色如此忠於它們自己，純淨的白與飽滿的藍，藍白得理直氣壯。彷彿是，這藍白相間的房子自千古以來，就如藍天碧海般，協調一致的矗立。

大自然果然是真理的先知，藍色是突尼西亞人追求和平的象徵，兩者，在世外桃源般的此地，得到小小的印證。

一個地方，如果沒故事怎會美麗動人？關於這城的傳說大約是這樣：「Sidi Bou Said」原名為「Jabal el - Menar」。相傳十三世紀有位虔誠的回教信徒，名叫「Abou Said ibn Khalef ibn Yahia Ettamini el Beji」。他實現了麥加朝聖的願望後定居於此，故更名為「Sidi Bou Said」。很多回教朋友告訴我，麥加朝聖是回教徒一生的願望，對照這故事，這小鎮的地名在地中海的一片波光瀲灩中，更是閃閃發亮。因為「Sidi」是對聖人的稱謂，小鎮發展的起點——「聖布薩德清真寺」即是一座以他為名的清真寺。

近悅遠來，中世紀後，隔著地中海一水之隔的西班牙人、希臘人來了，鄰居阿爾及利亞、摩洛哥等阿拉伯人也來了。共同打造了獨樹一格阿拉伯安達魯西亞式建築風格，沿著坡度，居高臨下，一個風景優美的濱海小鎮，於焉產生。

旅人，居無定所，處處為家。斯情斯景，深深著迷，不為別的，為這短暫的停留，歡喜地邂逅幾許歲月漂洗過後的顏色——藍與白；歡喜新的夢想因此而萌生。那天，這一抹藍與白，黃昏時深摘入心底，夜來臨時，隨著旅人的背包離去。非洲國家旅行不少，北非這一塊始終以特殊的人文獨樹一格。它是神祕的阿拉伯文化，綜合著文明、開放的歐洲文化，突尼西亞是箇中代表，更是以多重色彩取勝。

走過突尼斯，在朗朗的秋光中

白日，秋光朗朗。香榭大道上，斗大的標語「第五十屆迦太基電影節」像一股浪漫氣息，隨風飄拂。排隊購票的人潮，青春洋溢的男女，緊身T恤與牛仔褲，加上引人遐思隨風飄逸的花頭巾，一場電影嘉年華會熱鬧的展開。真想隨他們買票進場，管他聽得懂與否的法文發音，因為，這氛圍更像是趕赴一場青春無價的盛會。

哦！蒼老的軀殼下，有顆年輕的靈魂騷動著，在遙遠的異地被喚醒。

迦太基？哦！教授我「西洋上古史」和「西洋中古史」的老師名字我始終牢牢記得。但是，西元前的迦太基王國與羅馬帝國如何爭奪拚鬥，卻像是我的青春紀事，那樣的恍惚、給記憶模糊掉了。今天，睽違十年的舊地重遊，為我再複習這段歷史。

西元前八世紀，腓尼基人在北非建立迦太基城。這支擅長經商的民族，航海與貿易，跨過地中海，開疆闢土，除西班牙島嶼，擴及北非沿岸，建立商業與農業的盛世王國，在當時地中海地區成為最有活力的經濟強國。古迦太基曾與古希臘爭奪地中海霸權，後又與古羅馬爭奪霸權。最後因為在三次布匿戰爭中均被羅馬共和國打敗，終於在西元前一四六年滅亡。

突尼西亞在歷史上被羅馬帝國統治，七世紀時又融合了阿拉伯回教文化，之後又併入鄂圖曼土耳其帝國的版圖，一八八一年時成為法國的殖民地，深受法國的影響，並在一九五六年時脫離法國獨立成為今日的突尼西亞共和國。

由其歷史脈絡觀看，其文化是多元，相對其他阿拉伯國家它更是開放的，人民是熱愛自由的。但遺憾的是數年前的茉莉花革命，重挫了這國度的一片安樂氣息。

不禁嘆息，聰明的人類，永遠在創造歷史；也永遠不知記取歷史教訓。

在城內，方正白屋，雕花石牆，高聳的雲朵，蔚藍的天空，秋涼時節的地中海國度，處處是風景。走過街心的法國大使館，鐵絲網環繞幾百米，持槍荷彈的武裝警察是這美麗城市觸目驚心的一角。茉莉花革命陰影未除，血跡祭拜過的土地未凝乾，人們驚悸未遠離。彷彿遠古馬蹄長串而來，焦土遍地換來聲聲嘆息，就像小時候家鄉的宣傳彈，永遠是心頭的惡夢。

美麗的人生，有滄桑的歷史

一個城市，如果沒有歷史，沒有滄桑，怎能堪稱美麗呢？就如你我的人生一般。

一個從未謀面的客戶朋友，得知我來到突尼斯，邀請我參觀他位於郊外的工廠。當車子行駛高速公路，下了交流道進入鄉間小道，一畝畝高矮及人腰身的橄欖樹園，往後退。目光掃過，蓊蓊鬱鬱，這綠帶陽光終年普照，濕潤的地中海洋型氣候，帶來了農業的富庶。客戶朋友邊開車邊口中描述著，一滴一滴淡琥珀、晶瑩剔透的橄欖油，隨著每年的收成，他都會自製一批，自用或送人，說到此，他表示無限感激上天的賜予。

他引領著我走在花木扶疏的廠區裡，一一的介紹他的生產線，當年我經手供應給他的生產設備一映入眼簾，難以置信讓我眼睛睜得大大的。因為這部超過十年長期使用的設備，竟然他能維護到完好絕佳的狀態，許久以來，我視手中工作外銷出去的機器如嫁出的女兒，在非洲市場因技術闕如，大部分的機器破頭爛耳的，如出嫁女遭受公婆的虐待。如今千里迢迢來且不經意的探望，意外的撞知，嫁出的女兒獲得悉心照顧，心底的激動，不言可喻。

「近十年來，市場競爭的激烈，非妳想像得到。當大家一窩蜂的往上海、廣州跑，找尋廉價的商品。我仍堅持往台北、高雄、台中行去，因為一路走來，台灣讓我認識什麼是品質，讓我的工廠不斷的提升，結果證明我是對的。妳看，我連工廠用的鐵門都自台灣量身訂做、進口，妳可知道這是突尼斯唯一僅有的。」他指指台灣常見的自動升降的鐵捲門。

他的話語，讓我心如潮水澎湃洶湧起來。再轉身回頭看我台灣的夥伴們，各行各業組成的展覽隊伍，像逐水草而居的游牧民族，來到第一站的突尼斯。比的是耐力與韌性，更像大草原的狩獵者，比嗅覺與靈敏，長途跋涉為繼續生存，即使一丁點的希望也不放棄。

就像今日，初來乍到，疲憊的臉龐，不掩因時差而困頓的眼神，仍強打精神，為台灣商品找出路。一個個的商談接二連三地來，我有些彈性疲乏在心底大嘆不如歸去。可是，馬拉松的會談從早上至深夜，沒人疲倦，我幾許的感動，忽然清醒，彷彿小學生似的正襟危坐起來，把飢餓趕走，把睡意打敗，重新參與會談。

深夜結束時，離開，仍然飢腸轆轆、全身乏力。抬頭仰望星空，感覺天空特別明亮，星子一顆一顆閃亮起來，互相眨眨眼，彷彿對視，似乎對著我微笑。地上的我們也不孤單，一群並肩作戰的夥伴們，還有萍水相逢的異邦新識，互相握手，微笑道再見，或約台北見，齊隱沒在一片濃濃的夜色中。

奧羅莫的一絲悲傷

冷與熱的接壤處，有霧、有雨、有心事。

夜晚，絲絲寒意如海面波濤，伴隨樓下酒吧的樂音喧鬧，縷縷傳送。這是高原國度的城市，衣索比亞首都阿迪斯阿巴巴（Addis Ababa），每晚臨睡前上演的戲碼。住房位於酒吧正樓上，喧鬧、吵雜，令人無所遁逃。剛開始，快節奏的樂音震人耳膜。幾晚下來，傾耳細聽，樂音如淙淙流水、壯闊高山，不知不覺竟聽出一絲的悲傷來。冷與熱的接壤處，有霧、有雨、有心事。

離開阿迪斯阿巴巴前夕，應邀到有傳統音樂舞蹈表演的餐廳，藉著舞台的演出，主人為我講解奧羅莫豐沛的人文，我才算是真正來過衣索比亞。奧羅莫是衣索比亞的族群之一，主要分布在衣索比亞的東部和南部，信奉伊斯蘭教和東正教。早期，這支族群過著游牧生活，在山之巔水之湄與大自然搏鬥求生存。因此生活的遺跡，民族色彩強烈的圖案，藉由建築石雕、繪畫美術、手工藝、宗教儀式、音樂舞蹈，強烈表達或呈現於各種創作中。

台上奧羅莫人忘情吹奏樂器，鼓聲咚咚，重重撞擊，我離家千萬里的心情與它相呼應。男歌手聲音清亮，如足履森林幽谷，悠遠深長，餘味迴旋。女舞者頂著雞窩頭似的細長髮辮，眼睛澄澈，四肢舞動，節奏明快，到了渾然忘我境界。隨著音樂節奏不斷的加快，她頭部做起三百六十度的旋轉，速度之快，持續之久，在座賓客驚嘆聲此起彼落。許久，歸於靜止，台下爆出如雷的掌聲，我倒擔心她的頸脖是否因此受傷？

我不識五線譜，舞台的一切似乎把我整個人吸捲進去。以頭顱為圓心的繞圈再繞圈，把靈魂愈纏愈緊，我幻想舞蹈的源頭是一位智者，面對蒼穹滿星，質疑哪一個星座是自己的本命？舞蹈如星宿，散落人間，掌聲響起時，星芒可還在？

奧羅莫人，比台灣人口數還多的游牧族群，占衣索比亞人口數的大部分。古老的年代，他們不斷遷徙，在山與山、河與河險惡的大自然之中，只為了一個簡單的目的——

生存。旅途中或為戰鬥之需，補充精神與體力，將咖啡豆碾碎，然後與動物脂肪混合在一起，用手搓成小球，做為充飢解渴的食物。據說咖啡是如此被發現的，不為了餵養精神，是為了還有明天。

「TOMOCA」是咖啡知名品牌，鮮紅的包裝如熱情洋溢的奧羅莫人。每次旅行至此，我總忠誠的選購，填滿了歸途的行李箱。奧羅莫人何曾料及，他們無意中發現的咖啡，流傳至今，讓許多人因此揭開快樂、希望的一天序幕，讓咖啡成為管轄五湖四海的王國。

游牧民族逐水草而居，處處為家。但是誰能了解，他們是否也渴望安定？就像流浪的人眷戀家的溫暖與舒適。或是游牧民族如流浪的人，天生宿命的悲歌？這悲歌印證了奧羅莫人的殘酷現實，內部宗教的信仰不一，造成衝突，對外又與執政的族群不和，嫌隙漸起。內外不安定，現實的煎熬不曾斷弦。

離去時步出餐廳，回頭一望，舞台上已換另一髮辮女孩熱舞，頭顱一樣旋轉不停。她們來自部落，在大城裡生活，舞蹈反映生活，流淌的樂音帶一絲悲傷，在不停地以頭顱為圓心的旋轉中，我似乎懵懵懂懂了。

我的夢遺落在摩洛哥

我如離群的羔羊，迷失於款款的秋日，搖曳不止的蘆葦中。

夢築在 Fes

朗朗秋日，火車奔馳，窗外廣袤無垠的山野，不斷變化景觀，時而荒漠岩石，時而草樹生花，滿山遍野的北非風光，毫無遮攔，直撲眼底。

這火車是一節一個小房間連接而成，車廂內三三座位相對。我的目的地是 Fes（菲斯），火車一開，路途漫漫感覺升起。

Fes，彷彿是一個遠方老友，聲聲召喚我。

憶起首次造訪，公路上長途跋涉，終於在黃昏時刻，涼風習習中，一個風情萬種的旅館，迎接滿身疲憊的旅人——我。旅館高站山坡上，層層的蘆葦草，迤邐斜坡，隨風翻起白浪，看似柔弱欲斷，卻堅毅不離枝。

美麗的邂逅，在天清地曠的Fes，屹立著這座特殊造型的旅店。硬體建築如大廳或房間，設計或裝飾，數不清的圓拱形，看不盡的色彩圖案，盡在玻璃折射的光影中。雪白的花雕粉牆，如神祕的阿拉伯傳奇，彷彿是一千零一夜的幻影一頁一頁地被翻起。我如離群的羔羊迷失於款款的秋日，搖曳不止的蘆葦中。

因景生情，黃昏之夢奢侈卻美好。那次的旅行如一顆種子，點點滴滴如包覆種子的土壤，在清朗的秋日深深地埋下。

那次，為所銷售的機器設備做售後服務。客戶是當地望族，專門生產寢具用品如棉被、毛毯等。白天工作，晚上回旅館，北非的十月天涼爽舒適，典型的地中海氣候。早晚，長廊的光影，拱門的風情，白得發亮的牆面，我靜靜地俯瞰山腳下的車水馬龍，彷彿人間的悲喜劇，無聲地在城內上演著。

一天，客戶G和他的表弟A兩個年輕人邀我晚餐。餐桌上話匣子一開無所不聊，聊市場、聊行銷、聊流行趨勢……，最後A秀出一張他手機裡的照片，看完我心中震撼不已。

那是一張巴黎伸展台服裝走秀的照片。高挑、冷豔、身材玲瓏有致的模特兒，身上的服裝正是來自他工廠的產品——塑膠草蓆，一張色彩鮮豔緹花織物，搖身一變成為模特兒身上的時尚。剎那間我看得目瞪口呆，難以置信我供應他的設備，利用塑膠廢料的回收、再生，編織成草蓆，居然可以成為巴黎伸展台上的美麗時尚。

我陷入沉思，久久。為這難忘的一刻。

我的青春、我的白髮、我的皺紋，全給了這張草蓆。大學剛畢業，工作以出口塑膠草蓆為主，在那網路未起的年代，通訊工具只是一條長長、打孔的帶子——Telex，靠著它，草蓆一張張、一綑綑，裝入貨櫃，外銷世界各地。那個「客廳即工廠」的年代，人人奮力工作，真是令人懷念的美好年代。後來台灣產業晉級，賴以為生的商品由草蓆轉換成技術性高的草蓆機，我也隨著跨入了機械產業。

這張照片無疑像顆大石塊，投入我的古井心海，泛起陣陣漣漪。

化腐朽為神奇，創意無所不在。這兩個年輕人為我上了寶貴的一課。

一天，下工早，順遊 Fes 古城。彎彎曲曲的狹巷窄道，一爿爿的店面林立，麻雀窩般的迷你。琳瑯滿目的商品如潮沙，淹沒了整個店面，甚至連商家販賣者都無容身站立之地。若有人要買東西，貨品用長竿吊取去，趣味橫生，如表演特技，令人佇足觀賞。

古城建構如織網，密密麻麻，住著為數不少的人口，食衣住行生活所需，就地取得。雕刻牆壁、花紋欄杆、手工藝品、甚至包頭巾的女子，樣樣吸引我這東方客。但是，地陪主人盛情濃厚，直奔羊腸小徑的商店街，為的是選購禮物給我們帶回家。殊不知因此看到心動的東西，有無法盡情享受購物樂的遺憾。

Fes 所在的古城號稱全世界最具規模最久遠。摩洛哥的四大古城以它為首，最稱道的是該城內的卡魯因大學，是世界上現存最古老的大學，是當時阿拉伯和伊斯蘭世界的高等學府。

艷陽天，椰樹光影潑墨畫似淋漓揮灑四處。走過傳統街市，頭巾下深邃眼眸的阿拉伯女子，新鮮欲滴的薄荷葉，粗壯肥碩的櫛瓜，果乾、乾果推積如山展售，一片物阜民豐的景象。恍惚中，一個夢想在眼前展開來，以渺遠寬廣之姿聲聲呼喚，生活可以如此簡單，一直過下去。

原來，不知從什麼時候起，旅行這些偏鄉國度總是設身感受，彷彿尋覓心靈的歸鄉，或是人生黃昏期的安養處。無疑地，Fes 以文化古城，寧靜的生活，人情味的社會，捕獲我心。它位在沙漠的裙襬，鄰近大西洋，兩種地理位置交錯著傳統與開放的況味，像海浪緩緩襲來，濺起浪花朵朵，如其豐富的人文。

任務一完成，移動他城之前，善解人意的朋友載著我，停在一棟花木扶疏的房子，對我說：「看啊！這是法語學習中心，下次若妳要來這兒久住，提前告訴我，我幫妳留意開課日期。」

是啊，永生難忘那段大腹便便學法語的日子，因生育而中斷，腹中兒如今已是三十而立之年。人生有未竟之夢，繞過歲月，藉 Fes 再度喚醒。心底悄悄地浮現計畫，台北出發，經卡薩布蘭加，停泊在 Fes。在古城，悠遊自在地過起當地人的生活，學習不輪轉的法文，書寫著生命的故事，豈不快哉！

然後，回程時坐火車抵丹吉爾（Tangier），那是摩洛哥北部的一個濱海城市，在直布羅陀海峽西面的入口，與大西洋及地中海的交界。再搭渡輪連接西班牙本土最南端的城市塔里法（Tarifa）。最後，從西班牙的巴薩隆納（Barcelona）倦鳥歸巢。

夢，再度悠悠甦醒與蠢動。夢，遺落在摩洛哥。

塔吉鍋情懷

陶瓷鍋，尖蓋。這道食物名稱叫「塔吉鍋」（Tajine），光看盛滿食物的器皿造型就充滿了想像。

那一次吃完塔吉鍋，飽滿的記憶深烙腦海。

午後的卡薩布蘭加老城，烈日當空，把石板路上的人影拉得黑又短。疲憊的旅人過午飢腸轆轆，街心覓食，見餐坊便直衝而入。那知坐定menu一翻，傻了眼全是如爬蟲圖形的阿拉伯文，靈機一動，指鄰桌熱呼呼的塔吉鍋，就一模一樣來一客吧。

鍋蓋掀開，氤氳熱氣，裊裊上升，食物的香味撲鼻而來。圓圓鍋盤，鋪滿大塊燉肉與菜蔬，濃腴的湯汁滲入下層蒸熟的小米。飢餓的胃腸，食物入口特別美味，頓時一掃而光。吃完，抹抹嘴角油光時，跑堂從外面匆匆而入，端來兩盤水果放在我們桌上，我轉頭看鄰桌僅是水壺杯子任人取用。我有些明白，店家看我們是生客，特別禮遇送來水果，這次塔吉鍋的口慾之旅，除了食物尚有美好的人情味，因此埋下了好感。再履摩洛哥，塔吉鍋以另外的人文景致，為我增添篇章與情懷。

從 Fes 到哈利發（Khalifa），一路滿山遍野的橄欖樹，高聳的天空，無憂無慮的雲朵，伴隨著自由放逐的心靈。

窗外陽光正烈，車子奔馳，沙漠邊緣的景色千變萬化。荒涼的岩石一波波隨著疾駛的車子消逝，迎面而來弧狀草地，依偎著山坡，連緜不絕。牛羊群數不盡的數目，只見牧羊人手拿著長鞭，這樣的場景，動人心弦。我傻里傻氣的問，牧羊人可認得牛羊總共有幾隻？牠們……會走丟嗎？朋友被我的問題給逗笑了。

「廣袤」以前只是文字，在摩洛哥奔馳的公路上，那麼的具體化、影像化與畫面化。不知道為什麼，一樹一木，一草一葉，一泥一土，緊扣我心房，如潮水熱滾滾的潑灑過來，又像知音，心底有著相遇的喜悅。

更大的驚喜是與伊芙蘭（Ifrane）的相遇。從 Fes 到哈利發途經伊芙蘭，有如在荒野中迷了路，而這迷路，私心想就讓它一直持續，直到人生的盡頭。因為，天空那麼的高聳，土地那麼的遼闊，自己那麼的微渺，而這一刻是如此的真實，與自己澄淨的心，相遇。

噢！伊芙蘭。相遇時間短，可是相思是長的。一個海拔一六五〇公尺的山城小鎮，蓊鬱挺拔的山林，綠色植被的大量呼吸吐納，把伊芙蘭裹覆為聯合國登錄有名的純淨城市。十月天陽光朗朗，這位於摩洛哥阿特拉斯山脈中部城市，空氣流淌絲絲寒意，朋友說臨冬更是熱鬧，來自四面八方的人潮湧入，為著名滑雪勝地，是摩洛哥當地最為歐化的城市，有「小瑞士」之稱。

熱呼呼的塔吉鍋，在微寒的山城，傳統街市石板路上，食肆餐坊內座無虛席。騎樓放置層層的爐架，排排站燒紅的陶瓷鍋。鍋蓋打開，熱氣白煙上竄，食材琳瑯滿目。它可能是燉肉佐菜蔬，或是紅綠相間的橄欖，或是乳酪起司入菜。這裡海拔高，猜想它該是熱騰騰塔吉鍋的原鄉吧。

自那時起，很久了，塔吉鍋的故鄉，彷彿是我心靈的故鄉。

剛果河緩緩地流

以為它不識人間悲歡，卻是無聲似有聲，流過歲月，流逝旅人過客的心底。

週末午後，漫步於金夏沙（Kinshasa）的河邊，看天空、看雲彩，看水流款款。乾季，河床滿是綠草黃花搖曳，徐志摩〈再別康橋〉中的景象「軟泥上的青荇，油油的在水底招搖；在康河的柔波裡，我甘心做一條水草！」浪漫的字句悠然地飄盪水波上。

剛果河雖是河，寬闊的水域卻如海洋般的深邃與渺遠。

踩著危危顛顛的木板條，企圖靠近河岸邊的水屋，一探究竟。水屋像是踩高蹺的木房子，一排排高高地林立水中，對著水流忠心耿耿，幾個世代不離。屋宇的人生活中俯拾飼養，以及出入交通，均賴這水流。

剛果河全長四千多公里，世界最深的河流，也是非洲第二大河。非洲有兩國，均以剛果河為名，即是大小剛果，或俗稱的剛果金和剛果布。正確名稱是剛果民主共和國，首都是金夏沙；而剛果共和國的首都則是布拉柴維爾（Brazzaville）。兩座大城市隔著剛果河，兩相對望。

果然，搖搖晃晃走完木板條小徑，對岸小剛果（布）高樓大廈清晰可見。

與其他非洲國家相較，剛果到訪少，共兩次。首次是二〇一七年應貿協的徵召，權充貿易尖兵，民間業者有二，我忝為其中之一，主要工作是商情蒐集。

剛果位於非洲中西部，赤道雨林國家，近九千萬人口，光金夏沙就一千萬人口。它是一個既封閉又壟斷的市場，生產企業大者恆大，工廠多為黎巴嫩人與印度人所把持，幾天拜訪多家工廠看不到任何當地人經營。工人素質不高，所以管理階層者皆是外僱自國外的印、巴、黎巴嫩等外籍人士。公共建設奇差無比，道路坑坑洞洞的，雖有豐富的礦產資源，工業多是基礎的加工工廠，一般民生基本工業為主。

相較撒哈拉國度的黃土漫漫，此地到處可見的綠意盎然，尤其巨碩的蕉葉隨處開展，想必是土質肥沃的國度。果不其然，拜訪的工廠，垂枝纍纍的芒果樹，飽滿的果實在陽光下，綻放美麗的光影，這是關於上天賜予的感動。

投宿旅店位於金夏沙車水馬龍的通衢要道。一樓設有咖啡坊，現代化的裝潢，時尚的氛圍，吸引人潮進出。不時有打扮入時妖豔的女郎，同伴以男性的敏感朝我私語，那是風花雪月。如何看得出？他說看她與不同男伴搭電梯上樓。才恍然，食色性也無國度、無藩籬，只是面貌不同。

早上，從房間的玻璃窗望下，街景市容，雜亂喧囂。簡陋的木架攤，陳列民生用品與食物，胸前披掛商品的小販，嘈雜的人車聲，伴著刺耳的喇叭聲，隔著玻璃窗一波波往上升。

元月，台灣寒冽的冬天，卻是南半球熾熱的盛夏。剛果一年皆夏，只有乾、雨二季。白日，近四十度高溫的金夏沙，在人口擁擠的街市，陽光強烈刺眼，人沉沉地往下掉。每天一早，手持客戶名單帶著翻譯，到工業區拜訪。

剛果河自十五世紀為葡萄牙人發現後，立碑為誌以茲紀念。那時歐洲人與剛果的連結，活動大都在金夏沙，鮮少深入山區，不外乎傳教、建立貿易站，用以販賣奴隸和農產林木。到了二十世紀初由比利時統治為其殖民地，直到一九六〇年才獨立。因此，剛果的官方語言是法語，其次是多種當地土話。

再訪剛果河，只見水域飽滿，軟泥中的青荇若隱若現。水屋屹立依然，兩岸擺渡頻仍。慵懶的熱風自河面輕輕襲來，薰得人昏昏欲睡。東南亞有個國家「汶萊」，有類似的水屋，出入交通也仰賴船艇，但是社區井然有秩，設施完善，有學校、教堂、加油站與碼頭等，生活十分便利。不禁心裡嘆息，這裡的水屋怎堪相較，約略是貧民區的等號。

放眼過去，水屋一幢幢如島中之國。可想像水屋居住人口之多，每天出入不方便，衝口而出：

「他們為何不搬到陸地來？」

「他們都是捕魚人，都是為了生活。」同伴的回答，我羞赧有如「晉惠帝何不食肉糜」之譏。只見捕魚人扛著水桶，緩緩靠近，桶內鮮魚活跳跳，垂首低問我們買魚否。剛果深居內陸，距海遙遠，海鮮取得不易，河中捕魚，帶來當地人的餵養。方明白這水流自崇山峻嶺、險崖深谷，一路流流淌淌，用最深情對待的方式，回饋予這塊土地的人。

生活如河水，水流緩緩，多少船舶擺渡，多少歲月流淌，日日夜夜，永不歇息。

買不了魚，卻意外吃了當地有名小吃芭蕉葉包魚。廠房內，轟隆轟隆運轉的機器，法國長棍麵包一條一條自生產線吐出。主人楊董，大半輩子漂流他鄉異地，盡是遙遠的西非國家，從初始的象牙海岸到奈及利亞，以及現在的剛果，練就一身真本事。金夏沙近郊，他以一麵包烘焙廠站穩他的腳步，喜見故鄉人，款待眾人吃烤魚。魚從剛果河打撈上來，加辛辣調味料用芭蕉闊葉包裹烤香。蕉葉一層一層撥開，魚香洋溢，大家忙著吃，忙著講家鄉話，高分貝的音量，好似要把屋頂掀開。楊董笑笑，不打緊的，很久很久沒看到這麼多的台灣人啊。

在剛果，外國人不多，倒是中國人為數不少，皆服務於包工程的中國國營企業。與我們工作的兩名年輕翻譯，黎巴嫩人，自小生長於象牙海岸，說著一口流利的法語，受雇於台商，在森林區管理伐木工作。熱帶雨林區樹林茂密參天，林相豐富，品質好的木材輸出，是剛果重要的收入來源。一批批上等的木材順著河流到下游，輸出世界各國。

為了我們的到訪，他們專程下山來。朝夕相處中隱約勾勒出一幅美麗的圖畫。河流上游，蓊蓊鬱鬱，無盡的綠，他們數著永遠數不完的樹木。遠離了塵囂，一抹白雲飄過林梢，天為幕，大地為床，以為天堂接近了。但是，遠離了文明，沒水沒電，日常生活一切回歸原始，晨曦月光來照明，日出而作，日入而息，不思不想，一天挨一天。

遺世獨立般的過日子，與樹木砍材為伍。幸有網路，一座為他們通往外界的橋梁，點綴山區裡一成不變的生活。黃昏時，劈薪燃起篝火，築立烤肉架，炊煙裊裊，典型的阿拉伯食物 Kebab 肉串，香味四溢。當大口吃著烤羊肉，觀看滿天星斗時，想起家鄉守候的女孩，頓時把美食的興味吃成一股酸楚來。

他們的家鄉在遠遠的一方。返鄉路途就像木材的旅行，輾轉再輾轉，漂流再漂流。成品的木材順河而下，再多日的顛簸運輸，抵東非的港口蒙巴薩（Mombasa），乘坐貨櫃輪出海。

人生，不就是這樣充滿了輾轉與漂流？

從剛果返台後不多日，兩人被官方請去問話。原來是他倆為台灣貿訪團的簽證作保，事態敏感，結果意外地查出其中一人的居留證是偽造。因此被留置移民局，那幾天，我始終悶悶如團烏雲重壓心頭，直至他們被釋放。

總是不期然地想起金夏沙、剛果河，然後想起他們。彷彿又來到河岸邊，看著水流緩緩，以為它不識人間悲歡，卻是無聲似有聲，流過歲月，流逝旅人過客的心底。

美麗的邂逅——肯亞Safari

這片天地，它千古的等待，難道就是為了我的到來？

旅遊攝影達人陳維滄先生對我的書寫感想是「多旅遊見聞，妳所寫的多是人。」並且好意建議我利用商旅機會，就近欣賞世界各地的風光。甚至舉例，「譬如〈柬埔寨的阿山〉一文，讓我不禁感嘆一聲，名列世界遺產的大、小吳哥，距離金邊只要四十分鐘航程，為何妳不撥個一、二天，好好去吳哥感受一下視覺之美？」沒錯，我的行旅為文都是寫人，因為每趟任務時間緊湊，停留點可能只有機場、飯店、工廠、餐廳，接觸最多的是人，是在地人；談論最多的是在地事。為工作而生活，因生活而工作，「旅行即是生活」，促成了書寫的動機。他或許不知道，文字的書寫，很多時候甚至變成我的信仰與能量。

他言之諄諄，我攝耳尊聽。天涯海角千山萬水，行之不盡。一場大自然美麗的饗宴，就在這次非洲之行，意外地邂逅了。

一個晴好的五月天早上，陽光燦爛，正像要趕赴一場美麗宴會的心情，令人雀躍。登上了豪邁的吉普車，敞篷的車頂，粗糙的高丹尼帆布椅套，更是助興了想像，一份對野外探險的神祕與嚮往。果然，湖泊、陽光、鳥鳴、蟲叫、草原、動物……全是化為聲音跳躍的音符，靈活生動的影像流淌在閒適的周日。

一行人劃破了奈瓦沙（Navaisha）湖區森林的靜謐，雨季的天空時歇露晴，濃密的綠茵隨意伸展，昂天長嘯的枯枝穿插在林間，一切一切，大自然神祕的傳說任人閱讀。一踏入林子，眾鳥啁啾如天籟之音，清脆無與倫比，喚醒了旅人寂寞的星球，凡塵滄桑的心剎那間如青春騷動的靈魂，熱烈地自我對話起來。非洲世界的探索，神祕薄紗一層層地推開，看得了的光華，不就飽含風霜的靈魂與炙熱的赤子之心，日積月累相互撞擊而來？

不遠處，一泓水面，湖光粼粼，泛起陣陣幻影。鳥類千百，或棲息或飛翔，悠然自在。猛然意識到我等是不請自來的闖入者，嘈雜的凡音俗語叨擾了大自然的一片寧靜。念頭一轉，又自作多情地陶醉起來：這般天地，如此明亮乾淨，乍見，似有一道光「唰」一下子就照進我心裡底層去。這片天地，它千古的等待，難道就是為了我的到來？如不是，為何在我決定行程的最後一刻加上肯亞這段？再不然我的悸動為何如此怦然響亮？

遊湖，小船答答的馬達聲，行過平靜水波濺起白花。突然，一隻大鳥自水上縱身躍起，伸長黃脖子，以優美的弧度展翅，驕傲地昂長而去。適時，船中有人大喊：「鵜鶘」。隨著被拋在船後的一條翻滾白浪，每人意猶未盡地伸頸仰望天空漸遠的黑影，幾近癡望難捨的情懷，望著牠消失在空中。這時，一種名喚「魚鷹」（fishwal），七隻並排立在水中凸起的乾樹枝上，對於我們的嘻鬧不以為意，反而冷眼旁觀。我詫異牠們沒去執行為漁人捕魚的任務，倒像鄉下群聚柑仔店門口擺起龍門陣似的，如果我能解鳥語，肯定牠們對我們這群擅入者的大驚小怪訕笑不已。

一會兒，船夫加速趕到另一湖區，用著標準的中文丟出簡短一句：「河馬」。大家驚訝得面面相覷，隨即釋然而笑，全世界的旅遊名勝區被大陸客團團圍住，當地人能夠順應潮流講幾句中文也不足奇。船夫用英文解說起河馬的作息，屬晝伏夜出，即白天沉在水底睡覺，晚上再浮出覓食。說著說著船夫故意頑皮地把馬達聲加響，邊促狹地、大聲喊叫：「Wake up!」河馬配合演出，群體浮出水面，張開大口，不知是嫌人擾清夢抗議聲連連，或是睏倦已極哈欠不斷。總之，斯情斯景，煞是有趣。

非洲陸塊共五十四餘國，自少年闖蕩來去二十餘載，多在撒哈拉邊陲的光禿禿荒漠之地。今日見非洲大裂谷，狹長自以色列以降，終止莫三比克，共九千六百公里。站在高地往裂谷下望，綠油油一片，有平坦草原、起伏山丘，彎曲溪流，尤其是奔放的動物群……。我開始腸枯思竭地搜尋可以描述的文字，大自然的神祕，造物者的奧妙，在這些景物面前，文字顯得微渺了。

一夥玩伴都是征戰非洲市場多年的老友，玩興起，童心未泯，說說笑笑，到了主要的目的地——納庫魯（Nakuru）國家公園，午餐已是近三點了。為了下半場觀看更多的動物，午餐必須速戰速決，這可就難為了大家。野生公園附近的度假村，半露天的餐廳，放眼望去的草原與隨地放牧的動物，帶有彩色羽翼的鳥群來到餐桌跟前嬉戲歌唱，無視你的存在，這情景誘人忙起身找櫃台要名片，為了下次行旅。

再重登吉普車，有了 Naivasha 湖生態的經驗，拜訪動物世界雀躍之心再度升起，此時此刻沒有什麼比這個更令人興奮的了。追逐動物的樂趣，不在征服，而是學習，學習對另一種世界的尊重或探索。

因為，暗夜抵達奈洛比（Nairobi），爆炸後的機場待建，依然有點蕭條，鬧市街心冷清異於往常，似乎安全在非洲處處亮起紅燈。夜到天明無安眠，莫名升起淡淡的憂傷。這份無來由的陰鬱，幸虧白日一路探險來，澄澈的天空，潔白的雲朵，心底似有若無的陰霾隨即層層撥開。剎那間一切歸零，歸回天地和小我，面對動物世界，一切所見在眼中牠們顯得巨大無比，心中的自我顯得更渺小。

草原，最大族群的動物當屬羚羊。一群群或低頭喫草，或搖肢抖動，全長得相似，除非細看不易辨認雌雄來，經人指點，原來公羊頭頂兩側多長一對小角。一大群羚羊中，只能有一隻是公的，陪伴一大群母羊，以為牠該是威風凜凜、傲視群雌，細看卻不是想像的那麼一回事，神態略顯落寞孤寂。原來，羚羊的世界，這一隻有後宮佳麗三千的公羊，牠必須經過多少次與其他公羊來個頭破血流的爭鬥，勝出者才能享有唯一的榮耀。相對地，輸的一方被驅逐出境與其他公羊成一群，同是天涯淪落人的神態，看上去個個更是落寞有加。已來此遊歷三次的朋友津津樂道著，他把這隻獨一的公羊比擬人類的男性，該要有如君王般的氣概，並意味深長地問同行的其他男子「羨慕嗎？」我卻想，或許戰勝的公羊就像人類一樣，牠的雄姿威風凜凜樣盡在面對同性競爭時，才能義無反顧地、淋漓盡致的發揮。等到牠真正成為一方之霸時，這時舞台的鑼鼓聲已歇，將軍無戰場，銳勢頓失，若似「人性」的世界。

比人性更具有畫面的是，一群山豬無拘無束地在草原漫步，一眼即可洞悉為首肥胖者是母豬，帶領一群小山豬覓食、活動，狀極為可愛討喜。一聽到噗噗車聲漸近，靈敏地反射性動作，頭朝外尾朝內，瞬間如被強力膠吸住地上般一動都不動，這情景眾人看了皆哈哈大笑不已。

來到湖邊，突然一群飛舞的物體，遮蓋了大半天空，如繽紛落葉，不往下反往上，紅白色彩，精靈活潑，看得人目瞪口呆，是一幅絕美的圖畫。當朋友 Susan 幽幽地讚嘆道，「造物者真是偉大，紅鶴滿天飛舞的壯觀，到底它們是如何管理的？」我才如夢初醒，好像是自無數遍的夢中醒來的情緒，夢中千篇一律關於「走了」的故事。船走了，來不及搭上，飛機走了，沒登上機……走了？意味再來一次？

東非，得天獨厚的環境孕育出廣大的動物世界，令人懷抱無窮盡的探索。在離開的當日，飯店裡的咖啡長廊，客戶朋友趕來相見，談起馬賽馬拉（Masai Mara），一個更大的野生動物園。他眉飛色舞的話語讓我升起一陣熱情澎湃，與自己約定在夏季未完之際再次朝聖。不然，想想或說說高興也好。美麗、意外的邂逅，不就是這樣？如沒劇本的人生。

雕像走出的女人

四大尊木刻雕像昂首站立，一種姿態，向人訴說生命苦樂悲喜。

四尊雕像四個女人，臉部線條柔和且堅毅。細打量，同中有異，神色不一，相似之處，每人不管背後揹嬰兒，或手牽孩童，同時還要勞動著，頭頂重物或手持工具，道地的忙碌家庭主婦。

這是西非幾內亞首都——柯納基（Conakry），飯店內的裝飾品。

晨曦篩過枝椏大樹，光影把迴廊綴點成潑墨畫，眾鳥群聲歡唱，咖啡飄香屋外，一日陪我早餐的序曲，欣然揭開。餐廳門口四大尊木刻雕像昂首站立，一種姿態，向人訴說生命苦樂悲喜。

厚實的木塊，纖細紋路，彷彿採自終年濕熱山區的大樹，經年累月的日晒雨淋，木雕光滑晶亮，栩栩如生，賦予木頭新生命。

藝術作品反映生活，顯而易見婦女在此地是辛苦的，難怪臉部表情看不出一絲的歡愉。「Ici，les femmes，elles travaillent beaucoup.Ce n'est pas bon！」（這裡的婦女工作真辛苦！）當我用拼湊的法語對著餐廳的女侍說出這話時，他們笑開了，頻頻點頭稱是。

我每天早餐時要對木雕行注目禮的感想。

幾內亞，在西非，氣候溼熱，是很多傳染病的溫床。市容髒亂，隨處可見堆積如山的垃圾，加上下雨，垃圾上端飛舞著蠅蟲。泥濘不堪的道路影響行車速度，到處都是大排長龍的車子，每次外出都深受堵車之苦，司機通常機靈，會繞道巷內的曲折小路，但是道路不平，人在車內如跳曼波舞，沒樂音五線譜伴奏，卻上上下下，無休止符般。

深深嘆息，為生活在這裡的廣大生靈。

費解的是，巨木綠樹參天，葉厚植栽密集，應是福地福人居，可是生活在這國度，門裡門外兩樣情。

門裡，是一個世界，居住雲端裡的富人世界。庭園，花木扶疏；屋宇，寬敞舒適。

高大的椰子樹，涼風徐徐，葉影微動，亮晃晃的陽光，篩成游泳池的金色閃閃，偶而游泳濺出浪花，如太平盛世景象，隔絕了外界的貧窮與落後。門外，是庶民眾生的真實世界，環境永遠髒亂不堪，一張張黧黑的臉孔，頭上頂著貨物在街頭叫賣。頂上重物，彷彿千百斤，壓人心口。

出了門，經過鬧市，布滿蜘蛛網狀般的電線，在參差不齊的店鋪上端如醜陋的裝飾。各類商品，黃土泥巴地俗麗膠布一鋪，是最原始、天然的店鋪，穿梭的人潮，足下人字夾腳拖，一攤換過一攤。

我在傳統市集裡穿梭漫遊，赫然發現眼前走過的女人，一個一個都看起來孔武有力，荷載的重物競賽似的一個比一個重且大，恍惚似餐廳門口的四大尊木刻雕像，全部動了起來。

隨著車速，她們的臉孔一個個流逝在窗外。我努力讓目光保持木然，以為可以減輕感覺。車行許久，感覺依然。

高原的國度——衣索比亞

我如走迷宮穿梭，與歷史叩問、與歲月懷思、與自己對話。

嗨！我是露西

「嗨！我是露西。」

走進阿迪斯阿巴巴國立歷史博物館，一個人身高的立牌，人體骨骼俏皮模樣，馬上吸引我的目光。「露西」美女生於三百二十萬年前，在衣索比亞被考古學家挖掘，證實她是人類的最早起源。

磚紅的牆面，鮮紅的木板一塊塊懸掛著，白色的文字說明跳躍，屋頂投影燈直射而下，大台影音不斷傳送挖掘經過的畫面。這些氛圍為露西添增血肉，穿上衣服，活生生自冰冷的地底下走了過來。科技影音的盛裝下露西朝我們走來，未來會有一天，她將踏過當下，走向無垠。

還沒踏訪衣索比亞時，我熟悉為它所做的這首歌，〈We Are the World〉。九〇年代，歐美搖滾歌手為衣索比亞飢荒募款，義舉全球響應，讓好歌流傳，也讓衣索比亞貼上飢餓、貧窮、落後等標籤，誤以為衣索比亞沒文化。

衣索比亞，高原國家，光高原兩字就很吸引人。在首都阿迪斯阿巴巴，安靜地與它生活幾天，吃當地食物，與當地人聊天，以為旅行最大的意義在此。

一天，阿迪斯阿巴巴城市遊，登上恩托托（Entoto）山丘制高點，俯瞰山腳下的城市。風微微，葉窣窣，林間弄影，枝葉扶疏。陽光，特別亮與通透；天空，特別高與邈遠。一襲包裹頭巾的長袍婦人緩緩走近，滿身橫掛著手工藝品，以編織的圓籃尖蓋為多，說著我聽不懂的方言，企圖向我兜售。因為後面還有行程，帶不動行囊，愧對她期盼購買的眼神。

山丘上，斑駁的圍牆一座座。我如走迷宮穿梭，與歷史叩問、與歲月懷思、與自己對話。

穿過坎坷不平的黃土路，朋友引領我抵馬凱特市集（Mercato market），進入他的地毯展示店。美麗織物攤掛牆上，緹花的圖案彷彿從每個角度望去，盡有不同光暈展現。他為我訴說這個國家的前世與今生，包括它的唯一，在非洲五十四國裡，它從未被歐洲列強殖民統治過。

歷史是善忘，還是人類喜歡複製歷史？衣索比亞雖逃過殖民統治的命運，仍逃不過獨裁者紅色血流的悲慘。朋友說他出生得晚沒經歷到，他的哥哥跟他提起小時候驚悸猶存，一個野心勃勃的獨裁者馬里安，一九七四年推翻國王塞拉西一世，成立臨時軍政委員而掌權，並在一九七七—一九七八年間發動紅色恐怖，要把衣索比亞改成蘇維埃式的共產主義國家。期間大量暗殺政敵與前政府高層，以及皇室家族成員，屠殺了至少兩千個無辜百姓，讓他們曝屍街頭。

獨裁者錯誤的政策，一九八四年，衣索比亞發生嚴重的飢荒，馬里安對外卻隱瞞真相。上百萬的饑民，瘦骨嶙峋，不忍直視，或野有餓莩，引起舉世聞名的大飢荒。

時間或歷史，如大江大海，能包容一切。一個城市，若無滄桑歷史，如何堪稱美麗呢？僅管它曾是如此的傷痕累累。如今城市中，百廢待舉，興建的大樓如音符，此起彼落，儘管道路坎坷不平，我小心行走，總能找到一條通徑小道，穿越、走過，達到我要的目的地。

上菜

比起非洲他國，衣索比亞因有為數不少的華人，拜華人愛吃嗜吃所賜，相對中餐館多、選項豐，中菜料理也跟著好吃、道地、價格公道。

在首都阿迪斯阿巴巴下榻的飯店 Ramada 旁有家中菜館名叫「熊貓」，每天傍晚展覽下工，便上門吃飯。

身軀圓滾滾，臉龐豐腴，嗓門大，跟門口的招牌「熊貓」圖像相似，一副可愛、喜氣模樣。她是中餐廳老闆娘，來自四川重慶，很像武俠小說裡描述客棧櫃台的人物，食客一進門，便喳呼喳呼的喊以示招呼。她口氣突然一轉，厲聲苛責手腳緩慢的黑妞女侍：「講幾百遍了，動作還這麼慢？」一口出道地的中文，黑妞女侍能聽得懂？但我看懂她在非洲，頗具君臨天下姿態，不躲幕後垂簾聽政，而揭開珠簾，用她的眼珠子盯緊每一個細節。

第一天上門，看到菜單上的大白菜，毫不考慮就點了。結果端上來青江菜，炒得頗具精神，花椒粒爆香，還算可口。千山萬水離家遠，有口味相近的家鄉菜，感動莫名，不計較，默默吃下。

第二天，學聰明，先谷哥照片秀出大白菜模樣，再三強調是山東大白菜那種。重慶大媽疊聲捲舌音連說明白，上桌來居然是一盤油光晶亮的高麗菜。她狡猾陪笑，強辯這裡的大白菜就是長得這樣。睜眼說瞎話，在非洲是賣方市場，服務業不興，輸家永遠是消費者。

旁邊一桌來個年輕人，邊點菜邊嘰哩咕嚕的喟嘆，好幾個月沒吃到中國菜了，露出餓死鬼的饞樣。我聽得不忍，將一大碗未喝完的酸辣湯端到他面前，他喜出望外地接受。吃，治療鄉愁，這種情結只有離家千萬里的人才能懂。面對店家再次的狡辯，只好作罷，再次靜默吃下。

第三天，她一看我上門，堆滿笑容連聲招呼，讓我去看一桌正在用餐的菜餚，其中一道是正宗、如假包換的大白菜。這時，我有點明白，難怪她要走出珠簾，指點朝政，她要看明白誰是吃家、誰是遊客，哪些必須正經，不能掛羊頭，哪些可以賣狗肉，反正多數人吃了午餐，晚餐不再回來。

餐廳菜餚都有價目，只是張冠李戴，撿便宜的菜做，市街上，價錢寫在空氣上，更沒根據，所以來此的第一課是談判議價（Negotiation），這也是旅行陌生地方的守則。飯店到展場不過十來分鐘的腳程，索價兩百元金額，搖頭不搭，司機就自動降為一百五十。飛機落地，人到，行李轉盤苦等不到展覽要用的海報。攤位上，空空的牆上分外刺眼，靈機一動，找當地印刷廠協助解決。談好的價格，一再調高。

城裡各式興建中大樓，搭建的鷹架、堆砌的磚塊，一個新興起飛的國家。幾許明白，經濟起飛的國度，人人急著顧著自己碗內的飯，就像中餐館的大白菜炒花椒，敲竹槓的計程車司機，沒心思關切別人的一碗飯香甜否？

那晚，大白菜炒花椒，吃在嘴裡，別有一番味道。

安哥拉的白日與黑夜

要懂一個國家的文化不容易，要懂人性較快。

七月，南半球時序冬天，氣溫怡人，大西洋的水流啊流，流經城市成弧狀的海灣，美麗、引人遐思。高大的大王椰樹隨風搖曳，一排排如士兵，捍衛著寬敞的人行道。飽滿的陽光下花朵燦爛地綻放，草地綠意盎然。

我坐在長條椅上，看著海面泛起的波光粼粼，看著忙碌覓食啄食的鴿群，一片祥和。粉紅白相間的古典建築，若隱若現在樹影後方，拱門串起長廊，帶有強烈的地中海風格與葡萄牙色彩，閃著歷史的光澤。

這是安哥拉首都盧安達城一角，屬於白日的景觀。

三個青春爛漫少女，笑語盈盈地從我面前走過，好奇地朝向我打招呼：「Hallo，How are you?」我回以微笑，她們天真燦爛的笑靨如音符在空氣中跳躍。這一刻，不可救藥的浪漫情懷又犯起——「每到一個國家就對自己說下次還要再來，因為喜歡。」這次程度又更甚，心緒升高到可以選擇短期居住的那種。走訪過不少非洲大城市，姑且不論其進步或落後與否，大部分有一股共通的氣味，即是說不出的沉甸，不勝負荷的壓力，令人感覺非久留之地。而盧安達則以其清新的況味勝出，不知是因氣候或地理環境因素，置身其中竟絲毫無違和之感。心想假以時日，非洲濱海洋國際級的都市將現，非它莫屬。

安哥拉，這個位於非洲西南部的國家，首都盧安達，西濱大西洋，是個礦產資源豐富的國家。距離二〇一二年造訪，距今逾五載，都市的建設變化急遽，難以想像，眼前的景觀是現代化、新穎，與長期的內戰破敗，簡直脫胎換骨般。心裡不禁暗自低呼，世人對非洲落後、封閉的刻板印象，在這裡，所見的海岸城市一角，彷彿是美國東岸的某個城市，例如巴爾的摩之類。

誰又能想到這國度曾經背負著沉重的歷史過往。自中世紀以來，一直是奴隸的最大輸出國，也是葡萄牙的殖民地，時至今日葡萄語為安哥拉官方語言。自二〇〇二年內戰結束，百廢待舉，期待還給人民一個有未來、有希望的國家。大部分的非洲國家，皆有個通病即是貧富懸殊。安哥拉也是難脫此魔咒，一包小小的清潔劑即可看出端倪。

貪戀海景風光，雖流連忘返，卻惦記著早上與朋友有個約，匆忙趕回飯店。朋友，是黎巴嫩移民的第三代，銜父命來此逾十載，從不諳葡萄牙語到口說流利。一座大型的清潔劑生產工廠，工人高達數百近千人，管理的難度因日積月累練就了一身功夫。

有條不紊運轉的廠房內，清潔劑自包裝機的輸送帶，一小包一小包接連吐出來。朋友悄聲為我解釋，這裡通貨膨脹嚴重，窮人多，買不起大包裝，小袋的自然暢銷。以這清潔劑為例，窮人買小包裝其實是花費在包材與包裝成本。

盧安達的白日有點惆然，因為過去的原始與天然，回去不了。而屬於晚上的景觀是人文的。要懂一個國家的文化不容易，要懂人性較快，晚上意外的插曲則給我另類的省思。

晚餐作客人家，以吃飯為名，講話為主。主人給我一頂高帽子戴，他含笑的眼神說了這句：「I enjoy your talking!」可不是，人如城市，有滄桑、歷史與故事，所以動人。

我們交換彼此遠離家園，在異地奮鬥的過往，有血有淚，豈是一朝一夕可講完？

夜深，揮手告別他回飯店，登上車子，共有三人，是司機、我，還有收工的廚子。司機講葡語，廚子說法語，我說英文。三人像天真活潑的小孩，開始了車上的短暫之旅。首先，他們兩人教我用葡語數數，一二三四……我不停地學數數，兩位老師很有耐心，反覆發音，熱心教我，熱絡的聲音劃破了深夜的沉靜。

我趁機運用有限的法文讚賞廚子他今晚料理沙拉醬汁的可口，順便要其配方。他大方地一一唸出材料：檸檬汁、蒜泥、洋蔥泥、糖、醋、橄欖油……可以理解的法文字眼就這些了，其他就不懂。

一路說說笑笑，相較去程時花個把鐘頭，轉眼間飯店矗立近在咫尺。忽然，前方三位彪形大漢的警察，拿著警棍攔阻車子，示意車停路旁。我們照做，但接下來雙方一連串的對話，都是我丈二金剛摸不著頭腦的葡語。

司機交出所有證件，警察檢查再三仍無放行之意。緊張的情勢似乎有點升高，我冷眼旁觀，發現司機的語調變得高昂，談判的意味加濃，然後雙方臉紅脖子粗，談判破裂。司機返回駕駛座，東挖挖西找找，試圖集中他所有的錢。我見狀，有點著急，明天清晨的飛機必須半夜起床，遂打開包包悄聲對廚子說：跟他說我有這裡的錢，問問需要多少錢？

廚子翻譯去，司機聽了用手對我一按，示意說等等，他去對付就好。又是一陣長長的對話，我們一旁枯等，未果。最後，司機請我下車，說其中一名警察要陪我步行回飯店。這樣臨陣脫逃，罔顧護送我回來的人，好像有失義氣，我拒絕了。然後雙方又展開談判，一陣折騰，最後說沒事了，車可以開走了。我悄聲問他倆到底付了多少錢才得以脫身？他回答了，一個不算太大的數字。

因語言隔閡，我不了解這段插曲的真實原因。慢慢沉澱下來，有些醒悟，白日這個國度以海洋城市之美，熱帶草原的溫和氣候，非洲獨特蔚藍的天空，像危險情人一步一步擄獲我心。但是當白日退去，夜已深，這場意外，一個我不知的數字，神祕、迷惑如黑夜，把我自白日的浪漫推開，來到黑夜，一個我不知的世界。

一個晚上意外的插曲，一個我不了解的國家文化，是我在安哥拉白日與夜晚的分野。

輯三——沙海跫音

我選了一條人跡稀少的路行走。
我總是悠然神往，想像路的盡頭，
有我渴望探知的人生風景……。

女人風情畫

食物，在餐盤上，好像進行另一種方式的旅行，關於這國度女人的思想與文化。

旅行在外，總喜歡留意周遭一些賴勞動為生的小人物，尤其是女性。默默地觀察她們，閒聊幾句，感受她們對生活的熱度或無奈。她們，像一扇窗，讓我一窺千姿百態的異國文化。

之一：火鶴紅的身影

不是她愛美的舉動，這樣的女人打從人面前經過，沒人會注意她一眼。

她，其貌不揚，不是因為黝黑的臉孔，而是臉上有些坑疤，長相有點抱歉，一點也不吸引人。肥胖的身軀，圓翹的臀圍，不禁想起有人對這國度女人之戲謔語，揹孩子絕對不需布巾，因為她們夠翹的臀部足以勾住孩子。

她愛美，喜於妝扮，令人不得不對她側目注視。上工前，一頭蠟黃、稻草似的捲曲短髮，大剌剌的在洗手間，眾目睽睽之下抹著髮乳細細地耙梳著，瞬間梳出她獨特的美麗風格來。

一會兒，一樣肥胖的身軀閃過眼前，似乎也有一道亮光隨著閃爍。細看，是她。燃燒的火鶴紅色T恤裹著她臃腫的上身，白底紅花綠葉印染布的七分褲緊包著她渾圓的臀圍，腳趿著非洲慣有的人字拖，清爽俐落，如綻放的花朵在陽光下躍動。梳得油亮的髮型，生氣勃勃的臉龐，金色的大圓耳環在她的兩耳垂下，隨著步伐節奏的擺動，讓人忍不住上前攀談。

「欸，妳看起來好漂亮。」

城市裡一個小人物的生活剪影，藉著我們的對話，滿足了我好奇之心。

她，一名清潔婦（House Keeping）。主要職責是為工廠做清潔打掃工作。一枝要蹲著才能掃地的非洲掃把，體能的訓練辛苦異常。兩種工作道具——水桶與拖把，就是她整日親密的伴侶。偌大的廠區，看到她的身影，蹲著、彎腰交互的動作，時間滴滴答答，一日的光陰隨即流逝。到了傍晚，以為她疲了乏了，也不，每次遇見她，總咧出一口白牙，燦爛的笑容掛臉上，媲美烈日豔陽，令人不禁多瞧她一眼。

「我每天早上七點就到工，五點多起床，趕著搭上園區的車入廠，晚上六點下工，回到家已是傍晚七點多了……。」她滔滔不絕地向我訴說一日的生活作息，聽起來似乎辛苦。不禁好奇的問起她的工資，一聽那微薄的數字，知道是這國度裡，廣大庶民僅夠餬口的底線。

她年二十九，在伊斯蘭教裡女孩這年紀早已嫁作人婦，看來她算是異類，為要節省開銷與媽媽同住。問她可有男朋友，她一聽這話卻花枝亂顫地笑開來，一副女兒嬌羞姿態。稱讚她漂亮，她笑得更加燦爛，與她話題總是圍繞著女性裝扮。從她身上，我似乎勾勒出一點面貌，這國度因承襲了大英帝國的殖民影響，無形中承襲了英國人的生活態度。不管環境如何困苦與貧乏，人們對於外表的重視，讓人見到時，都是愉悅的狀態。我想這美好的感受，是一種對自己與對他人的尊重，我很是贊同。

當她知道了我要離開的日期，除了依依不捨，且語帶傷感的對我說：「I will miss you!」

是的，我也會不期然的想起那一團火紅、漂亮的身影，曾在旅途中閃過的一抹光采。

之二：亮光的臉龐

「Passion!」當她鏗鏘有力地自口中吐出這字眼時，我心底有些震撼。

她，小小個子，一樣黝黑的臉孔，眉宇間卻有一股慧黠的氣質。

與她相遇，是在客戶的招待所裡。這招待所是一棟三層樓的洋房，共有四個房間，房間格局與設施與飯店相仿。二樓設有寬敞的客廳，舒適的沙發，餐廳與廚房一應俱全。住在這有飯店的便利與隱密，也有家的溫暖。她，便是這棟招待所的管家。

客戶的工廠是個石化提煉，設在千里外的海港城市，雇用大量的外籍專業人士為之工作。這些工作者或外來如我這般的訪者來來去去，從外面飛進來或離開，都需歇腳在這都會城市一晚，隔日才能轉國內線到達目的地。這招待所因應而生，十分重要。

來時，一晚的住宿，吃了她做的晚餐，旅途匆匆，感覺談不上驚豔，卻印象深刻。洋蔥炒飯配酸甜雞，料理不屬美式也不是非洲式，幾近台灣中式口味。隔日黎明天光未亮，便離開。

再回來，只有我一人投宿，要離境的航班是隔天深夜，那時城市籠罩在伊波拉病毒的陰影，不方便外出。一個大房子僅有我和她，二十四小時長時間的相處，因吃她的料理，有更多交談的機會。

食物在餐盤上好像進行另一種方式的旅行，關於這國度女人的思想與文化。從她給我的餐點菜色，我隱約讀得出她的蕙質蘭心。

早餐，兩碟玻璃皿裝著削好的木瓜和鳳梨，鮮豔欲滴。一個白磁圓盤，盛上洋蔥煎蛋與烤土司，漂亮的太陽煎蛋，芳香四溢。晚餐，雖是素樸的洋蔥炒飯，配上一碟青蔥炒雞肉絲，恰好的醬汁色澤與甜味，與中式醬爆雞絲的口味，十分接近。這在一般國外吃到的中國菜有過多醬汁的瑕疵，算是上選。

她，雖年方二十三，卻有清楚堅定的人生方向。問她如何習得幾近中國菜的料理，尤其招待所來來去去的賓客眾多，又如何能顧到不同的脾胃？原來她曾受雇於印度家庭，雇主太太很會做菜，她從旁學，最重要她自小對料理有興趣，自己摸索，自主學習。

愈講愈興奮，最後她下了結論：「不知道為什麼，我天生就是會料理，可能是神賜給我的禮物吧。」

話匣子一打開，興奮的臉龐閃過一抹光亮。她告訴我，在過去三年裡，她如何用印度菜、中東菜、法國菜、亞洲菜……，讓曾經停泊在招待所的不同國籍人士，享受她的料理，吃得餐盤精光，她覺得十分快樂。

在暗地我驚奇的是，她煮的晚餐口味幾乎接近台灣食物的味道。雖然我離家千百里，卻因她的料理有回家的感覺。料理，她站在他人的立場，設身處地為人著想，這樣的貼心，不光是廚娘而已，我作如是想。

未來，開一家屬於她自己的餐廳，料理各種菜餚，滿足上門客人的味蕾，是她的夢想。從她發亮的眼神，我始終相信，她的夢想將會成真。

我選了一條人跡稀少的路行走

未曾履至的世界，我總是悠然神往，想像路的盡頭，有我渴望探知的人生風景……

天際一抹餘暉隱去，夜幕漸漸垂下，展覽結束，回家的腳步近了。心情的愉悅掩蓋了打包行李的混亂。在遙遠的西非布吉納法索已來了一周有餘，加上到此前旅行了其他國家近個把月，漫長旅行早超過平常的負荷。現在，終於可以回家了。

雖然幾個小時後的航程也是漫長無比，絲毫不減心情的歡喜。搭機轉機，耗費時日，從布國首都瓦加杜古（Ouagadougou）啟程，機上過夜，抵巴黎天色剛露出魚肚白，然後在巴黎戴高樂機場等呀等個十四小時，飛回台北又是十幾個小時以後的事。

當我推著沉重的行李往航廈走時，一群足趿夾腳拖、黝黑純樸的臉孔，急奔而來且大聲嚷嚷：「No Air France!」（今晚沒飛機來。）乍聽，以為在開玩笑，他們一臉真誠相，不像。

怎麼會？Air France 法航口碑不錯，怎可能輕易棄旅客於不顧。當時波斯灣著名航空如阿聯酋與卡達航空尚未如此興盛，台灣赴西非像隔萬水千山般地遠，西歐各大城市如巴黎和阿姆斯特丹便是轉機的交通樞紐。巴黎飛往非洲的航班往往如循環公車，一個航班飛兩個城市，最後再繞回巴黎。因此，從巴黎到非洲，來回都是同個班次。

果然，在法航的櫃台上證實了班機在前站，也就是尼日的首都妮雅美（Niamey）機場發生了故障，過不來。霎時，耳畔轟轟然，一顆心沉沉往下掉，此時此刻倦鳥要歸巢，為何還是如此路迢迢？

展覽一周，訂單收穫等於零。因為這個國度是工業的處女地，我公司的商品是機器設備，對他們而言來得早。我在此像是農夫整地，篳路襤褸，披荊斬棘，粗礪石塊搬移不完。不禁啞然失笑當初為何衝動興起這旅行？那年代，布國與台灣邦交水乳交融，台灣給予布國的援助很多，不管是農技或職訓都有。陌生的國度，尤其人煙稀少之地，越是激發我一窺究竟，滿足喜冒險之心。何況已旅行了西非多國，唯獨布國是未履之地。

美國詩人佛羅斯特（Robert Frost，1874—1963）著名的一首詩——〈未竟之途〉（The Road Not Taken），於我，字字句句是陷阱也是誘惑。未曾履至的世界我總是悠然神往，想像路的盡頭有我渴望探知的人生風景，哪怕是好是壞。布吉納法索，這個在撒哈拉沙漠以南的國度，雖貧窮落後，卻以沙漠的無垠和風情，捕捉我心。

十月的瓦加杜古，陽光炙熱依然，像要燃燒起的那種。一個方正的建築物在燦爛的陽光下，顯得天清地曠起來。陽光下，天邊彷彿浮出一艘雲海小舟，載著我沉沉浮浮，飛翔之心卻清晰無比。中華民國的外交部為這展覽特別舉行一個隆重開幕式，寥數幾家的小展覽團臨時推舉我當團長要上台致辭。暗叫不妙，法語學習已是遙遠往事，至今也忘得差不多，怎堪登大雅之堂？不得已臨陣磨槍，請兩位當地翻譯也是漂亮寶貝，教我練習。上台時，白花花的陽光在不遠處的帳篷外，一種異樣的感覺湧上，雖身處異鄉，家鄉台灣，此時此刻，卻如此與我靠近。

我一上台，所有的眼睛投向我，前幾句法語背得滾瓜爛熟，流利的蹦出，台下興味盎然的眼神看得我心虛。話鋒一轉，我說著很抱歉，我法語能力只能到這裡，台下一聽，爆笑開來。那一剎那真讓我體會書到用時方恨少的悔悟。

很多事像一道門一扇窗，打開了，就有想像不到的風景。

法航畢竟是一個有擔當的航空公司，迅速安排我們所有人入住當地著名的五星級飯店，等待通知。飯店頓時湧入大批旅客，晚餐是法航招待的上等牛排。農畜牧業發達的布國，品質極優的牛排嚼在嘴裡，空氣中似乎仍有一股不安的暗流流竄在眾人的情緒裡。

牛排吃到一半，耳語傳來，快快快，趕緊拿著行李到機場卡位。狐疑之際，耳語之人不是別人，是貿協駐布國的李主任，他剛好率領一團布國商人訪台，也是搭此航班。他再三保證，千真萬確，他在瓦加杜古的鄰居正好是法航經理。剛獲知故障在妮雅美的飛機，必須等待隔天巴黎飛來的航班帶來零件才能修護。今晚有個航班由剛果的金夏沙飛往巴黎，尚有幾個機位，已緊急協調降落瓦加杜古載客。

不疑有他，立即放下刀叉，火速提著行李趕去機場。短短的路程，血脈賁張，心情翻滾，說不出的緊張刺激，只有小時候躲宣傳彈遁入防空洞氣氛可比擬。

布國地廣人稀，不毛之地，從農業跨入工業這一步，遲遲未踏出。展場上我一貫扮演的行銷人員，迅速遁位，我的角色更像是老師，不斷地教授訪客什麼是塑膠工業。有人抱來故障的豆漿機要我修理，那種企盼的眼神，連婉拒都覺得於心不忍。隔鄰的攤位，一包包的白米來自台灣農耕隊於數百公尺外，輔導當地農民的汗水與智慧結晶。

終年乾旱酷熱的土地終有老天垂愛之處。一天，我們趁午憩到當地人家拜訪，綠蔭掩蔽的平房，入內真是別有洞天。一個比利時女子，崇尚非洲的原始自然風貌，長居於此，教授當地婦女以乳油木果手工製造潔膚、護膚等美容聖品。原來全世界最優質的乳油木果，產在這裡。

熱，是一種況味，從土地延伸至人。土地種植的不易，培養出人的謙卑；土地偏僻的荒涼，孕育了人的熱情。來了幾次布國，都是沙漠的最佳氣候，不知熱的極致。我的朋友Apple，以她堅毅與硬頸精神，一度來此設立公司。據她說，乾季時在露天下工作，所撐陽傘鑄鐵的傘骨在高溫艷陽下，逐漸熔解軟化。以為她說的是天方夜譚，但她信誓旦旦是千真萬確的事。

深夜，當我們一行人登機，機上睡得東倒西歪的旅客，睡眼惺忪中一副丈二金剛摸不著頭緒的樣子。星空下，一輪明月代表瓦加杜古向我們揮別，如夢似幻，不覺得依依不捨起來。但是那一刻，我很是清楚，也很慶幸，我來了，我走過了這人煙稀少的國度。

走過伊波拉的陰影

一顆心，幾許忐忑不安，幾許探險興奮，隨著路面的坑坑洞洞，反覆跳動不已。

雨季的西非，經過水滴的沖洗，天空高高掛，清澈無比，雲朵不知所措地躲得無影無蹤。

二〇一四年八月初，當Ebola伊波拉病毒以鋪天蓋地之姿席捲全球媒體的巨大標題時，我與我的黑手夥伴就像號角一響需赴戰場的士兵，拎著皮箱在眾親友的擔心下，出發去了。

伊波拉病毒於一九七六年首次出現於剛果民主共和國，疫情發生在伊波拉河附近一小村莊，因此命名。伊波拉是一種高致死的病毒，在二〇一四年又大肆來襲，疫區以剛果為主，擴及其他鄰國。此行的目的地是位處西非奈及利亞的一個石油港市哈科特港（Port Harcourt），也正是伊波拉病毒沸沸揚揚的疫區。

奈及利亞自一九六〇年脫離了英國殖民地，北方篤信伊斯蘭教的保守主義者，目睹開放的基督教對當地傳統文化的影響與衝擊，加上雖是非洲的最大石油產國，沒為百姓帶來幸福的日子，相對的貪官汙吏，民不聊生。生活四周隱藏著危機，伴隨著宗教的衝突，驚悚的恐怖活動崛起。激進分子在邁杜古里以當地語言——豪薩語創立了組織Boko Haram，其意為「禁止西方教育」。Boko在豪薩語的意思是指「一切非伊斯蘭教的教育或讀物」。Haram來源於阿拉伯語，意為「非法」、「禁戒」、「神聖不可侵犯」等。

非洲石油藏量奈及利亞是名列前茅，哈科特港正是石油的開採區，懷璧其罪，變成國際紛爭的亂源。啟程前，伊波拉病毒和恐怖主義皆盛行，兩者有如左右夾攻，在親友的擔憂下踏上了這旅程。旅程中轉了三趟航班，中途過了一夜，才得以抵達目的地。一下飛機，迎接我們的是兩部持槍荷彈部隊的前導車，車頂閃燈沿路呼嘯，保護著我們十來個外籍人士乘坐的這部中巴，頓時，一股非比尋常的肅穆之氣油然而生。

腦海中不停翻轉的是，前幾年發生在此的外籍人士綁票案國際大新聞。如今龍潭虎穴，終要叩門而入。一顆心，幾許忐忑不安，幾許探險興奮，隨著路面的坑坑洞洞，反覆跳動不已。

途經十字路口，兩部機車橫阻在前，前導車一下過不去，在我還來不及意識到發生了什麼事時，只見兩名持槍、身著軍服者，矯健地從車上跳下，在迅雷不及掩耳的情況下粗暴地猛捶那兩名機車騎士。我看得目瞪口呆，一股冷颼颼的涼意從腳底直衝腦門，頓時整個人呆住，一片空白。

車抵廠區，一入口，映入眼簾，一字排開十來部鎮暴車，彷彿真的來到龍潭虎穴之地。

這廠區占地寬廣，車行遠達十六公里，是跨國合作的企業集團，分布全球有十來個石化工廠。因國際人士聚集在此工作，安全首要，須做到滴水不漏之地步。園區內設施福利應有盡有。有餐廳、超市、高爾夫球練習場、網球場、羽毛球場、電影院、學校、廟宇等。每日睜開眼，食衣住行一應俱全，生活所需全獲得滿足。

晨起，天光微亮，園區就像一台龐大的機器，有條不紊地運轉著。數千人各就各位勤奮地工作，更有為數不少、離鄉背井的一群，那就是孜孜矻矻於工作的印度人，用汗水換取寄回老家安頓妻小的生活費。見及此，不禁為人類感到驕傲，這一塊對台灣而言遙遠且陌生的地方，這麼多人偶然萍聚，為共同的任務與使命而努力工作，赤日烈陽下依然生氣勃勃。

唯一淡淡的哀愁，看見了建構中另一工程，日本人來了，韓國人也來了，印度人更是大量的來了，遺憾的是竟然看不到一個屬於台灣人的身影，而這身影在過去幾十年的國際舞台上，是多麼精於民生工業的技術啊。

幾天後送技師回台，我轉往北方城市。熟悉的國度多次來去，每每來到心底還是忍不住頻頻嘆息，嘆息這是怎樣的一個世界，明明藏油豐富，為何年復一年路況永遠坑坑洞洞，電力永遠不足，失業率永遠偏高，人民生活不易。如果我是生活在這塊土地的人，該向誰訴說去？

除了生活大不易之外，一種另類的伊波拉病毒無聲無息地在生活四周隱藏著。曾幾何時，在此，上個超市都需安檢，人人談論前陣子驚悚的女童綁架與炸彈事件，恐怖不安，造成民生景氣下滑。另類的伊波拉陰影，沉沉地籠罩整個城市。

難道這些種種不比致命的伊波拉病毒更可怕？更凌遲人心？

走出去，平安歸來，慶幸不已。我來，雨季開始，我去，雨季未停，水滴仍拍打沖洗，生命綠株更顯青翠無比。原來，每段旅程都是獨一無二，都是深深淺淺的探險，與神祕的大千世界，也是與自己。

八月，我悄悄地走過伊波拉的陰影。

夢境

在天涯，在異地，人與人的聚散緣分，如海水拍打的沙粒……

我跟兒子有一個故事，關於我的眼淚與沙漠。很可能，正因為這個事件，兒子更認識他的母親，以及非洲。

十二月天，沙漠最好的季節，我偕同兒子前往工作地——K城。如果說撒哈拉是廣袤無垠的一片沙海，K城是沙海的港埠，在西非奈及利亞的北邊大城。

週末的黃昏，工業區廠房外攤販一字排開，人潮滾動，露天烤肉架上炊煙裊裊升起。碩大的樹薯與山藥堆積如山層層站立，汽、機車黑煙縷縷，穿梭車陣叫賣的小販亂中有序。回飯店途中，靈機一動，要司機放我們在工業區前段下車。

首次登陸，在遙遠的年代。傍晚，飛機緩緩地在僅見一排小平房卻名喚「機場」的地方降落。當我還來不及睜大好奇的眼睛打量四周時，一片空曠的黃泥土地，一群黝黑的臉孔映入眼簾。下飛機嗅到的氛圍是屬悠緩、遺世。隨著人群朝向平房走去，未入海關便有人走向我，叫我英文名並交出護照與行李條。如電影《遠離非洲》相似的情節，只差沒像梅莉史翠普戴個大陽帽，一樣尊貴的待遇，專人侍候至飯店休息，蓋好海關章的護照與行李箱，稍晚便有人送到。

兒子雖第二次隨我來，我心裡反反覆覆的想著，不知該扮演何種角色？教練或母親？如果是教練，恨不得將全副武功傳給他，讓他獨當一面，為公司驍勇善戰；如果是母親，不忍心他重複我辛苦的路。以往，我一人獨自來，一日二餐當三餐打發，與子偕行，沿途老問著他，渴了嗎？餓了嗎？他早已是青年，慢慢三十而立了，但為人父母常把孩子裝進襁褓期，不捨得孩子長大。

不知道他怎麼看待我？一個往外闖蕩，與非洲各個國家、企業，在工廠以及議事桌上，為了利益、更為了尊嚴的不同衝撞。非洲歸來以後，我開始細想這旅程，終極一切，我在乎他是否明白，他選擇這行業所承載的職責，是否能承先啟後。更重要的是一個母親殷殷的期望，他的肩膀是否夠硬，如我漸年老的這一代。

我的隱憂，來自我常做的一種夢。

夜幕低垂。我預定時間完成工作離開辦公室，回家吃個簡餐，洗戰鬥澡，行李做最後檢查，再去機場，展開一趟如常的長途旅行。事與願違，辦公室的細碎恆在，怎麼收拾都是末了。時間分秒逼近，不得不離開辦公室，到了停車場卻找不到停車格，好不容易找到了，開車往出口閘門，慌張中卻刷錯卡柵欄老升不起。越急越緊張，越緊張就越浪費時間，回到家，急急拿了行李，死命、拚命的趕呀趕，抵機場，登機門已關。

嚇醒，外面燈光淡白黯然，四周靜悄悄，好險，原來惡夢一場。只是納悶，為什麼近幾年老做這種搭不上飛機的惡夢。這夢到底有什麼隱喻？現實生活，我在擔憂、恐懼什麼？

而這趟旅程，終於揭開了我夢的謎底。

幸好，兒子不在我夢裡，我沒有在慌亂中遺落他。

早期，初履斯地，明顯的感覺這裡的生活環境，倒退台灣三十年以上也不為過。入浴室，打開水龍頭，黃澄澄的水細細地流下，那一刻真想掉頭離去。但是，來自窮鄉僻壤的我，年輕熱情澎湃之心，探索世界之渴望，濁水的畏懼？我輕輕地別頭過去，對它嘲弄二聲，為我的任務佯裝英勇，打開行李，毅然住下。

這些深刻的影像，至今記憶猶新。

那時投宿的旅店，早晨為我倒咖啡的侍者，臉上兩道刀疤，雖然歷經歲月的洗禮，痕跡仍深。初見，內心驚悸，表面佯裝平靜。幾天下來，閒聊中漸熟稔，原來刀疤是一種鄉下的種族宗教儀式，自孩童起便畫下這道血淋淋的鏤刻標記。聽完，一股惻隱之心不自覺升起，很想拋棄女性的羞澀，伸出手輕輕撫摸他年輕的臉，遙想他在童稚期如何忍受鋒利的刀，在劃下臉頰的剎那，這劇痛落在不懂事的孩童身上，是多麼的殘忍。

這刀痕像是一道門扉，輕輕地被我天性冒險好奇的因子推開。

從此，一而再、再而三造訪的這城市。我宛如赤足般在越野賽跑著，一路披荊斬棘，隱約跑出一條的道路。意識中，這樣的工作方式成就小我且利他，且帶點人生探險的樂趣，我是否覺得這些收穫可視為我生命中寶貴的資產，而極欲傳承給兒子？一個做媽媽不是想把最好的東西給她的孩子，我如是想的，不是嗎？

首次出使，我帶技師為客戶做售後服務——安裝機器。首戰告捷，如齒輪鍊條般，成功的滾動起當地的製造業來。從此，K城，第一廠、第二廠……陸續地建立起來。在天涯，在異地，人與人的聚散緣分，如海水拍打的沙粒，遇見了，你幫我、我幫你，書寫著歷史，關於非洲的工業史，以及台灣的機器外銷史。

港埠，無疑是邊境貿易的代名詞，火火熱熱，人來人往。我首次登陸，在歐洲人之後，在印度人、中國人之前。傳統的走販從這兒載著民生用品，穿梭沙漠內陸，走入荒郊僻野的鄰近國家。因此，我所代表的台灣塑膠工業，因起步早，憑著優良的技術，擄獲了當地企業主的芳心。

製造業在這塊沙漠旱地，我撒下台灣最初始的一顆種子，經過歲月的洗禮，慢慢地萌芽。這顆種子是台灣在當時世界排得上榜的塑膠製品設備，它是一個國家的基本民生工業。

對於長期都會生活的我，沙漠生活雖不便，因長久來去，愈來愈多的人事物，像鋼筋骨架，點點滴滴，如混凝土，築成堅固心房。於是，畏懼之心，經年累月，慢慢地拔除。這塊土地，外人來此從商者，除了早期避戰亂的黎巴嫩人或貧窮出外謀生的印度人，亞洲人甚少涉足。我初來乍到，天真爛漫不經事，因天生善感與來自鄉下的同理心，而能擁抱這塊土地。經歲月的累積，取而代之，是一種被人需求的尊榮與人情，這些，始終支持我行走這塊土地，樂此不疲。

阿迪斯阿巴巴機場驚魂記

愛，使人勇氣增生；愛，同時使人軟弱無比。

參加衣索比亞首都阿迪斯阿巴巴（Addis Abäba）的國際商展，與兒同行，一結束，繼續前往西非卡諾城進行拓銷之旅。停留阿迪斯阿巴巴一周，兩人形影不離，我扮教練他演徒弟，商場叢林、險惡進退、拿捏分寸，無不思及傾囊相授。離境時，我由教練迅速變回母親，他的冷暖安危一下間似乎超過商展價值。這個體認就在離境的剎那，意外突如其來，驚悸，瞬間如天旋地轉翻開了。

黎明前的黑暗，衣索比亞航空機艙內，輕快且帶點悲傷的奧羅莫音樂，像大鵬鳥載來五大洲旅客，晨曦微亮時，又轟隆轟隆地分載往非洲各大城市。衣索比亞航空不是全世界首屈一指的航空公司，近幾年來，它發展成非洲最大的航空公司，便捷轉機通往非洲各大城市，是其利基。

翠綠飾帶上印著黃花，如蝴蝶羽翼開放，鑲嵌在這一襲傳統薄紗的白衣裳上，美麗空姐有著好看的五官，臉龐如黑珍珠般閃閃發亮。連年在此轉機到非洲它城，登機一瞥的風景，讓旅程一路賞心悅目。

阿迪斯阿巴巴機場，登機門，滿滿等待的人潮，爭相恐後湧上巴士，這是改建中的機場場景，數年未變。這次居然超乎想像，以嶄新面目迎接我。航廈內大片傾斜的玻璃窗，通透明亮的空間迤邐至底。窗外的藍天與陽光俯視著停機坪上不同彩繪圖案的飛機，輕快的音符自心底飛舞。登機門依號碼排列，井然有序，挑高大廳，屋頂縱橫疊架的鋼管與鋼架如飛翔的翅膀，穿越天際雲霄。煥然一新的機場如老友喜相逢，滿心歡喜擁抱它的蛻變，佇足捕捉鏡頭，轉頭低聲細語兒子，相約登機門見。

機艙內，流瀉一樣輕快的音樂，旅客就座，扣緊安全帶，準備起飛，只有我一人前後艙來回，不斷逡巡。一排排的座位，我全神聚焦目掃而過，就是找不到兒子，緊張的細胞一吋吋擴張開來，呼吸逐漸急促。

我急急告訴空服員，我兒子該登機未登機。

回想跟他分手後登機前的情景，短短半小時，登機口在八號，我沿著一號登機門前進，號碼漸增加，每個登機口盡是滿滿人潮。我東張西望望不見兒子身影，微微不安。登機時間逼近，排隊的人龍蜿蜒，他的蹤影未出現，忍不住按下 Line 簡訊：「登機了，你在哪？」沒讀。打了 Line，沒接。不安之心，明顯擴大，繼續東張西望，還是杳無蹤跡。

這班飛機沒空橋，搭巴士登機，癡癡盼望到最後一刻，才惴惴不安上巴士。下意識抱著一絲樂觀，記得他幼稚園時獨自飛行外島探望外公外婆，勇敢與靈敏贏得大人讚賞。職場這幾年，他多次偕同技師飛亞洲、非洲、南美、中東等國，飛行事務於他是家常便飯，對他存著一點信賴感，他應不會誤點，該是早我一班，搭巴士上飛機了。

我的孩子真的不見了，一個驚慌失措的媽媽，著瘋似的在機艙內來來回回，來來回回，走著。我的孩子不見了，真的不見了。

一會兒機艙人員走向我，手持紙條指著上面的名字，一個是我、另一個是我兒子。當下，電影情節恐怖鏡頭，輪番侵入腦海。情不自禁以氣急敗壞、幾近哀求口吻：「可不可以幫我找找我兒子？我要下機去找他，沒有他，我不可能獨自離開。」

他回說明白我心情，要我拿手提行李隨他下機。

停機坪上我一人兀立，等車子送我回航站，可天知道那一刻我多麼的難熬。天空，一樣高聳；陽光，分外刺眼。孩子，你到底在哪裡？我心裡聲聲呼喚著。嚴苛的考驗正開始，我力求鎮定處理眼前危機，打了多次他的電話，不通，撥回台灣馬上就通了，這更增加我的恐懼感。彷彿他自人間蒸發，我跌入無法形容的脆弱裡，台灣的電話一通，我幾乎用哭泣的聲音對先生說，「我們的孩子不見了，我登機他沒登機。」先生那頭安慰著：「不要急，不要慌，慢慢說。」

情緒上的脆弱來到臨界點，不禁打個寒顫。難道我恐懼的事終於發生了，青春的年代，弟弟與我共同創業，一趟非洲行危險經驗，毅然決然分道揚鑣。因為他是父母親的寶貝，我的行業必須常旅外飛行，沒人能保證安危，萬一他有個三長二短，怎麼撫慰父母的心。

彼時我釋放親愛的弟弟，如今我保不了自己的兒子？心慌意亂的媽媽，一個愛字馬上把我重重擊垮、潰敗。愛，使人勇氣增生；愛，同時使人軟弱無比。航空人員同情我的驚慌失措，一路幫我提行李。

當我再度踏入機場航廈，神魂未定的搜尋每個身影可能都是兒子，失望的是個個皆陌生臉孔。當我整個心直直往下掉時，身旁的機務人員手機響起，接完電話他告訴我，兒子正在航空公司的辦公室。

我踏入辦公室，見兒子立在航空櫃台前，正尋找他下一航班是何時？最快的航班是三天後，他應變措施馬上改飛其他城市，再轉國內航班，處理事情的態度，相較一刻鐘前，我想像中走失孩子，大不同。

闖盪非洲三十餘載，光怪陸離遭遇不少，屬這次最潰敗我心。他的說辭我能理解，但是旅行在外，仍需眼觀四處，耳聽八方。他至登機門等候許久，登機時間已到，旅客魚貫而入，是別航班登機。他以為有異跑去問航空人員，獲得解答的是：「WAIT!」。基於多次旅行非洲經驗，登機門屢有變動，便至遠方大廳再次看大螢幕，待折回，一看傻眼了，他的航班登機門已關閉。情急的當下，他想到的是如何解決他的飛航問題，我這個驚慌失措的媽媽，根本擠不進他的腦門裡。

聽完，我忍不住重重一記打在他肩膀上，卻打不散一個媽媽走失了孩子的驚悸。

愛是，心裡常住他人

彷彿是一道自遠方傳來的空谷聲音，滾滾紅塵中的我，聽進了。

朋友失去至親，這幾年他常書寫家族故事，猜測他守喪期哀慟逾常，不敢打擾。直到過完七七，無意中的聯繫，他傳來以下字句：

「愛一個人是，心裡常住他人。住著子女、親友，以及不認識但受苦受難的。菩提難開。它是漸漸離開了自己，再回到自己。」

深夜中，手機螢幕閃著亮光，我望文字，文字望我，許久，我終棄甲繳械，兩行清淚遽然滑落。黑暗中，無邊無際的沉靜籠罩著，不解字裡行間之威力如此雷霆萬鈞，襲擊而來。

黑夜仍靜默，無邊無際。日子如風似的流淌，偶而送來焚風，逼人至牆角做困鬥獸，猛獸在籠內頭撞腳踢，僅是一個理由——「心裡常住了很多人，且掙脫不了。」他的話語彷彿是一道自遠方傳來的空谷聲音，滾滾紅塵中的我，聽進了。

茅塞頓開。

「這是你存在的價值。」最親近的人淡淡地補上這句。是的，如果心裡住了很多人，帶來很多事，只因他們需要你。你樂於學習修補這心裡的房屋，讓它更牢固。

一個高大的身影掠過眼前，站在燈光耀眼的舞台上，單手斜插在側邊褲袋，酷酷的、嚴肅的一張臉，流利的英文演說，台下個個全神貫注傾耳聆聽。完畢，台下爆出如雷的掌聲。

他就是A，來自莫三比克。

莫三比克在那裡？不由得想起那個落日紅霞的黃昏，在名喚馬布多（Maputo）的城市。葡萄牙風味木造的火車站，無人來人往的喧囂，大廳外的騎樓一條長板凳，戴著鴨舌帽的老人，布滿風霜的臉上像一幅安靜無聲的風景，嵌在心裡。

每次與人分享非洲旅外的人文書寫，總不期然的想起濱臨印度洋、風情萬種的這家旅店。號稱是一顆鑲在皇冠上的閃亮珠寶，歐式古典建築，傲然矗立。穿過吊燈垂懸、拱門圓窗，曲折迴廊，出室外，一瞬間只見海闊天寬，一泓蔚藍迎面而來。

哦！與印度洋撞個滿懷。

總是要依依不捨地目送汪洋海水，踩著石階遁入地底，入了房間，推開窗戶，使人驚喜的是汪汪海水岩石近在眼前，好像隨手可拾。哎！此情此景彷彿叫人人生就此停泊算了，說行商就太俗氣。

那是二〇一一年邂逅的波拉納薩勒納飯店（Polana Serena Hotel）。它位於莫三比克的馬布多，一見鍾情似的令人驚豔。隔日離境至約翰尼斯堡，與朋友在街心喝著清冽的白酒，配著莫三比克的生蠔，聊著莫國的種種，彷彿一離開情人就開始想念了。

認識A是在去莫三比克稍早些，他是莫國派駐台灣的商務代表兼地下大使。那時他剛到任，菜鳥一個，但是年輕有為，頂著荷蘭法學博士頭銜，思想開放，有謀略。我們國經協會一行人一趟非洲蠻荒之旅，跑了茅利塔尼亞、布吉納法索等沙漠不毛之地，他也來了。他的說辭是想看看台灣的廠商在非洲各國做什麼？

一路相處，我漸漸地了解他的世界，他為我勾勒了台商華人在非洲的種種身影。一個台灣囝仔，幼時還來不及識字中文母語，就隨離異的單親媽媽移民至南非，輾轉在莫三比克落地生根。孤兒寡母在異地討生活，辛苦不在話下，所幸單親媽媽後來碰到溫厚的印度繼父，有了幸福的第二春。

「我的印度繼父從小待我很好，尤其很是注重我的教育。」A帶著感恩的口吻，為我們回憶他的成長歲月。值得一提的是，當他回台就職，照顧台中年邁的祖父母，是他公職之餘責無旁貸的工作。

三年來，A竭盡心力把台灣民生工業引進莫三比克，鼓勵台商進駐投資設廠；另一方面把莫三比克豐富的海產資源推廣到遠東亞洲來，帶領台商實地考察與投資養殖，雙邊貿易數字不斷翻新。前不久，A在台三年工作成績斐然的慶祝酒會上，來自四面八方的政經人士見證了這歷史性的一刻，共同為他慶賀。

彷彿是上天派來的天使傳播福音，在熱鬧的酒會上，A的頂頭上司——L，莫三比克經濟部投資部長，也在舞台上陳述他的理念。他說當今的渾沌世界，非洲不斷的發生內戰、衝突、恐怖、動盪不安，全是人與人之間無法彼此信任、互相猜忌與爭奪，如果每人都能站在對方立場為他人著想，進而相親相愛，相信這些紛爭消彌於無形。在台灣，他說他感受到台灣的美好文化，能攜手合作，創造榮景。

我明白，從他的演說裡感受一股美好的文化精神，那是從上到下匯集一股無形的力道，這力道使揮棒一擊時能又準又銳，就像A三年來完美的演出。因為商界中從來沒有看過任何非洲國家能夠在一個富麗堂皇的星級飯店，盛大的昭告世人，他們理想與抱負的遠大，且以如此溫暖與人文的方式演出。

那晚，我見證到了。我想，來自莫三比克的A，他的心裡面，常住了很多人。

一樣旅程　兩種際遇

一段旅程，見識了人性，善與惡，正義適時來插手，良善的美德脫穎而出。

一

清晨，盛大如宮殿的星級飯店——Le Meridien Hotel Abuja，在沙漠晨曦的照拂下顯得晶亮，四處靜謐無聲，彷彿一切仍沉睡於酣夢未醒。空盪盪的餐廳，吧檯上擺盤冰冷的食物，令早起的食慾味蕾無法加溫啟動。惦記著司機在外等候，匆忙打包行李上路。

阿布賈（Abuja），奈及利亞北邊的首府，距離首次造訪至今二十載，雖然後來也曾多次前來，從沒一次如那回叫人如此難忘。

奈及利亞，非洲人口數最多的國家，資源豐富，尤其石油藏量豐，二〇一八年成長為非洲的最大經濟體。拉格斯主商業，阿布賈則是政治中心，卡諾為工業城，三城為奈及利亞的重要大城。

車子一出城，荒涼的景象馬上映入眼簾，黃土漠漠，跟習以為常的亞熱帶的茂密綠林大異其趣。廣袤的沙漠連綿無際，乍見時新鮮感的欣喜被掀起，絲毫不覺乘車的枯燥。偶而零星枯草從車窗掠影過，感覺天地之間只剩我與司機這部 Toyota 小車，車輪貼著沙地刷刷的聲音，似清晰又寂寞的迴響著。

翻動的心海還停留在阿布賈的日常，它可謂是這個國度裡權貴的聚集地。朋友的家門口停放著嶄新明亮的車子，花木扶疏的庭院與歐式建築，錯覺置身是英國或美國。兩個世界，門裡與門外，貧富懸殊，涇渭分明。門裡，環境的優渥，僕役成群，生活像是一個濾水器濾過的世界。門外，眾生勞苦，公共建設闕如，是令人一顆心會沉沉往下掉的世界。所幸阿布賈與拉格斯相較，前者因是首都環境整潔，一顆心尚未沉到谷底。

首次造訪阿布賈，朋友把我奉為座上賓，派車送我至卡諾。再三保證，司機如保鑣，一路護送，直至我安全抵達，打電話回報平安後，司機始能掉頭開車回阿布賈。

行行復行行，景色毫無變化，依然一片荒蕪。說是高速公路，顯得過度溢美，蜿蜒的黃土小徑，與我們平日習慣的寬闊高速公路，差個十萬八千里。車子開不快，一路坑坑洞洞，人在車內跟著車體上上下下跳曼波舞。不禁懊悔起來，不該為貪看陸地風光捨飛機就汽車。按照這種速度，阿布賈到卡諾的距離共三百多公里，不知何年何月才能抵達？

不知不覺近中午，依然前不著村後不著店，距離出發已三個多小時。車子過度的跳動，疲憊感油然而生，口渴、飢腸轆轆，想上廁所……不知為什麼，各種生理需求與渴望，全湧了上來。頓時陷入一種恐慌，都會人的文明病，無法生存在原始自然的恐慌。急中生智，請求司機找找附近的城鎮尋個中國餐廳歇歇腳、打打尖，再上路。

司機說快到卡杜納（Kaduna），那是個大城，一定會有中國餐廳。希望萌起，但在遙遙的一方，總以為快到了，苦苦就是等不到，心情難熬。這時，身體說不出的不舒服訊息愈來愈強烈，等待、忍耐、掙扎，反反覆覆的循環，到卡杜納已是一個小時後了。

卡杜納的中餐館，店老闆幫我上起奈及利亞的經濟課，尤其是北邊內陸的幾個州。

城內最大廠首推華人查姓老闆經營的紡織廠，出產非洲婦女花花綠綠的印染布，遠近馳名，且在歐洲股票上市。

休息完再上路，抵達目的地，全身虛脫，已是炊煙裊裊的黃昏了。

二

同樣的旅程，有一次我先生帶技師來奈及利亞做售後服務。我們在不同時空前往奈及利亞。我走陸路、他搭乘飛機。陸地與空中都有一樣的冒險。

他拉格斯的任務一完，搭乘飛機轉往北方的卡諾。他感覺心頭一陣輕鬆，因為卡城朋友多。

拉格斯在西南，卡諾在東北，兩城相距一千多公里，中間隔個阿布賈首都。非洲搭飛機像搭公車有時停靠不只一站，從拉格斯到卡諾，中途停靠阿布賈。因此，兩個鐘頭的飛航變成大半天，或是一天就沒了。在此地搭飛機，耐心考驗無疑是最佳訓練所。

卡諾，撒哈拉沙漠的港埠。冬季沙塵暴興，籠罩整個城市，灰濛濛的天空原來不是霧。出發日，他所搭的航班因沙塵暴被取消了，只好靜待至隔日。第二天，老天爺大發慈悲，撒哈拉沙塵息怒停止吹拂，沙霧撥雲見日，全機的旅客開開心心的拿著登機證，上飛機。

飛機在藍天白雲裡穿梭一陣後，機長用當地語言廣播，引起騷動。他不解，鄰座為他解釋，原來飛機停靠阿布賈後是否繼續飛航卡諾，端看天候決定。他心中忐忑，暗自祈禱老天要幫忙，萬萬不可停飛。

飛機降落前機長又廣播起，這次全機艙的人反應更激烈，一片嘩然。鄰座有默契忙再與他講解，原來天候不佳，飛機只能飛到阿布賈。所有的旅客必須在阿布賈下機，往卡諾者可以獲得指引去搭乘巴士，巴士會載他到卡諾的目的地。

他聽了，打消了求助阿布賈友人的念頭。剛好也有多人前往卡諾，偕伴同行，安心不少。巴士站位於車水馬龍、喧囂的街角，一上巴士，一絲後悔升起，小巴像是汽車報廢場拉出來的，座位小，加上行李，擁擠到爆。

長途漫漫，一路顛簸。一段旅程也是一種另類的旅行，這思維化解了他的不耐。沒想到車抵卡諾時，司機一反先前載他到飯店的允諾，要求全部的旅客通通下車。此話一出，群情激憤，全部湧到車前團團圍住司機，七嘴八舌的討伐他不該背信，對待一個人生地不熟的外國人。司機拗不過，為了杜悠悠眾口，只好硬著頭皮答應，繼續送他到目的地。

這種意外插曲與結局始料未及。一段旅程，見識了人性，善與惡，正義適時來插手，良善的美德脫穎而出。這個結果讓他見識到，任何窮鄉僻壤，真理正義，或人性美好的一面，還是存在著。

隔日，在朋友的辦公室，他們都是土生土長的外來移民者，聽他講完一路的驚險，不禁語重心長對他說：「算你走運，我們在此出生、長大，都不敢如此做。」

一汪尼羅河流向海

河岸人家，樂天知命，擁抱著黃土漠漠與原始自然，划槳搖擺渡河，無盡的時間，彷彿歸他們所有。

「他有錢蓋這麼美輪美奐的房子，居然不還你們公司的欠款。」隨同我前來的貿協專員M，望著富麗堂皇的一室，不禁憤憤不平地嘀咕道。M和我，一是公一自民間，為搜集商情連袂來喀土木拜訪工商團體，停留多日。

冬日沙漠早晚溫差大，到了晚間氣溫急降，冷冽縮頸。遠眺藍、白尼羅河匯流後，一水流幅度變寬，水域豁然開展如汪洋大海。高大的椰棗樹沿著河岸站立，風生水波，一襲襲的皺紋，靈空寒意皆生。此時此刻，歇息，為一天的奔波畫下休止符，應是完美的選擇，尤其喉嚨腫痛身體不適徵兆已顯。然而，我仍整裝以待，等人來接去晚餐。

接我的不是別人，是客戶的兒子——B，他自尼羅河那頭的橋過來。回教國家晚餐時段極晚，晚到吃著吃著眼睛要閉起來的那種。八點約好來接人，八點一過，我們在大廳望穿秋水，時間滴滴答答、一分一秒地過，還是不見蹤影。

蘇丹十幾年的來來去去，沙漠的高溫、人情的溫厚，新興市場的潛力之誘人……種種，隨著時間的推移，如涓涓滴流，匯成河，流成海洋。

技師出差，皮箱裝滿乾貨，油米鹽醬瓜肉鬆香菇蒜頭薑……像是一個台灣小型的雜貨店給搬了過來，回程時換來蘇丹朋友的溫情，沉甸甸滿箱的椰棗與紅茶。沙漠國度酷熱非常，水龍頭打開燙手，為了工作總是隨遇而安地暫居工業區附近的民宿。不舒坦之處多如牛毛，冷氣忽大忽小忽冷忽熱，洗澡時水龍頭水柱細如絲。儘管先天環境令人格格不入，台灣人硬頸的精神仍設法自炊自理生活，且把機器一台台給開起來。類似的旅程一次、二次、三次……一次次流下的汗，風乾了；滋生的情感，在沙地開出燦爛的花朵來。

直至九點B才姍姍而來，他說自工廠下工，先回家梳洗後再來，所以遲了。不忍責備，每人都為自己的吃飯穿衣而努力，不是嗎？

夜晚的尼羅河在燈光照拂下像一條璀璨發光的鑽鍊。等待的不耐與喉嚨的不舒服，在河流與涼風的輕喚下稍稍舒緩。

B的老爸——E，一個高大的蘇丹人，英文不會說，碰到我只微笑點頭致意。每次登門拜訪，他都用個小紙片兒歪歪扭扭地寫字，與我會談，但也僅止於寫寫阿拉伯數字，猜想他可能沒受過多少教育。

首次與他交易，一切尚稱平順，唯有點尾款，屢催不還，非得我千里迢迢來。我天天上門，他有的是時間，陪我坐、陪我等，然後一個苦瓜臉面對我說，明天再來取錢。我信以為真，天天來，天天拿不到錢。那時逢齋戒月，全城的餐廳不開，他給我一盤記憶中最美味的烤羊餐。儘管心裡對他恨得癢癢，面對他的笑臉，真沒轍。

尼羅河蜿蜿蜒蜒，自衣索比亞的高原發源，流流淌淌到了蘇丹變成緩流的三角洲地帶，造就了恩圖曼（Omdurman）、喀土木和八里（Bali）三大城。河岸邊肥沃的土壤，可種植出世界品質最纖細的棉花。河岸人家，樂天知命，擁抱著黃土漠漠與原始自然，划槳搖擺渡河，無盡的時間彷彿歸他們所有。

E原本狹仄簡陋的工廠因我們的機器，日積月累的生產獲利，變得明亮、寬廣，沙地平房改建成雄偉皇宮的大宅。我們台灣優良的機器，讓他變成沙地富貴的一頁傳奇。

尼羅河，正是蘇丹人的生活寫照。曾幾何時，橋梁築起，公路通了，國際在這塊土地較勁，掘土挖泥為油田，隱形的戰爭也來了。

人性有善有惡，一開始選擇相信它是善，偏偏人性又經不起考驗。而人也是健忘的，殷鑑已遠。沒想到此次的窟窿更大。

魔鬼藏在細微的枝節裡我絲毫未察覺。當他再度添購機器，戲碼重演，尾款未付，機器完成擱置倉庫看了總生厭。一念之仁萌起，先出貨讓他有機器生產產品，賺了錢再來還吧。

可笑的念頭一生，陷自己於萬劫不復之地。

蘇丹利益爭奪，內戰屠殺，衝突爭端起，南北蘇丹分立。不禁納悶：這國度蘊含豐富的天然資源，該是老天爺的賜予，何苦懷璧其罪，落得戰場般的苦日子？苦日子使蘇丹鎊直直落，貶值腰斬近半。這時E面對帳款，欲哭無淚，手軟腳軟，連背也凹陷下去。

人民的吃飯穿衣民生大事，因國力的衰弱，都被逼到牆角去。現實殘酷，可把一個人的志氣、信用，磨損得如此體無完膚。

一桌豐盛的食物，全是燒烤物，我喉嚨痛絲毫引不起食慾，猛灌開水，主人夫婦屢屢勸食，心裡更多的惦記是帳款。我不能讓黑手的血汗，化為烏有。他手拿帳單，翻來覆去，數字始終清晰印在紙上，沒變少也沒隱身不見。他時而哀聲嘆氣，時而微笑對我，就是不提如何付款。我渾身解數道德勸說，例如「我不會因這筆錢而變窮，你也不會因此而富有。」「你的孩子在現場，見證這一切，你好，將來他也會好。」好說歹說，還是沒用。

最後，簡直不敢相信飄進我耳朵裡他的話，「這合約不是我簽的，是我兒子簽的，理當找他去還。」簽約時，他推辭字不好看，讓讀大學的兒子代簽。

他的無賴，城裡的朋友義憤填膺，紛紛獻策。有人建議去法院提告或投訴宗教警察，也有暗示要討債公司出手，我婉拒了。不禁想起以前此地一個客戶，工廠失火，機器毀之一旦，重新採購後，我公司退還多付的金額。從此他廣為宣傳，公司因信譽佳而得利。

得與失，乍似失，實則得。尼羅河畔，觀水流，無聲似有聲，輕輕告訴我許多道理，例如E從此逃避見我。汪汪水流，流向前，流向大海，就像我在蘇丹安然自在的日子。

殘缺的星移

異鄉，是我們尋求生存的希望，翻滾人生的舞台。

看完廠房，車子緩緩地開到大門口，一瞥窗外，不遠處的沙地，一隻小動物哀鳴，叫聲可憐淒涼，引起我的好奇。旁邊握方向盤的朋友似有同感，兩人隨即下車看究竟。

這是一個廢棄的廠區，耐旱力強的小花小草依然在牆邊迎風招展。老樹矗立，枝椏突出，葉葉瓣瓣，莫不蒙上厚厚一層沙塵。地處撒哈拉沙漠的裙襬區，奈及利亞的東北，粗礪的沙地，乾燥塵土飛揚，終年陽光強烈，令人張不開眼的那種。

下車一看，一隻小羊眼睛緊閉，又叫又跳，頗為楚楚可憐。

目光逡巡四處，簡陋的矮房走出一個瘦骨嶙峋的年輕人，他是工廠的門房。原來小羊昨晚剛出生，現在肚子餓極，急需哺乳。他為我們解釋著。惻隱之心霎時被挑起，急急喊道，趕快叫牠媽媽來呀。哀鳴叫聲一陣陣持續不斷，不遠處兩隻稍大的羊兒漫不經心地閒散漫步，是小羊兒的父母。我忘情地對牠們投以求救眼光，牠們竟回報以漠然表情，無意識該負為「羊」父母的責任。

突然，一個年紀大、瘦骨嶙峋的老先生抱來了母羊，與年輕人兩人通力合作，餵哺小羊。母羊剛開始抵抗不從，鳴叫不已，我見狀則頻頻責備母羊，這麼不愛自己的孩子，朋友為之緩頰，可能是新手媽媽，不知如何是好吧。啊！情急之下，我當小羊是急待餵哺的新生兒。

回到飯店，碰到大廳經理，一陣噓寒問暖，我哇啦哇啦地告訴她這段羊兒趣聞。她微微一哂，眼眸一閃而逝的悲愴，我捕捉到了。那悲愴裡欲語還休，如奏樂琴弦斷曲餘音縈迴，同是身為媽媽的我，因了解她的過去才能讀懂。不禁心裡喟嘆，母羊能哺乳不餵養，罔顧小羊的飢餓；失去孩子的媽媽如她，僅能去夢裡餵哺孩子了。

初次見她，在旅店大廳，削瘦的骨架，裹著頭巾的臉龐，深邃的眼眸，雖有笑意，只覺她凝視的焦距，像謎題，在一處我所不知的遠方。

她是這家旅店的督導。可能是職責所在，她親切的問候每個下榻的旅客。二度相見在餐廳，我用餐她不忍打擾，僅遠遠地招手寒暄。眼眸中，一股費解的難言之隱，我仍讀不出。

她的眼睛似燭光熒熒，微弱閃爍，撲朔迷離。難以言喻的感覺，莫非是繁花開盡後，凋零前的一抹孤寒？

雨季未來的沙漠旱地，四處無可逃的熱。那日在大廳等司機來接，炙熱的陽光，等待的焦灼似柴薪如火石，磨擦出燃燒的灼紅。她自辦公室走出，善解人意的慰問，溫厚的言語彷彿是深谷裡的涓細湧泉，慢慢澆熄了等待的枯燥。

我讀不出的哀傷，原是一個媽媽心碎的故事。

她的孩子正青春年盛，一部車子、一個意外事故，奪走了五個年輕的生命，留下五個破碎家庭，與五個哀傷無以抵岸的媽媽。一個媽媽，孩子走了，她的靈魂也跟著走了一半，何況她另一半的靈魂，早早已隨著逝去的先生走了。她，就是其中一個罹難者的媽媽。

事故發生時，我剛好來到此城。這個城市最大的外僑數目字是黎巴嫩人，僑社同時走了五個年輕人，不管認識與否，人人親自前往悼念致意。我清楚記得那段時間，因為根本沒人要跟我約。

卡諾城位於奈及利亞國境北邊，有上千萬人口，是著名的工業城。如果把撒哈拉沙漠喻為沙海，它便是港埠。各種生活用品的生產工廠聚集在此，透過此門戶運往沙漠不毛之地。工廠的經營者多數為黎巴嫩人，他們在此是成功的生意人。

黎巴嫩人來自歷史悠久的中東地區，濱地中海，雖小國，卻扼守歐亞非戰略要道。十九世紀末因基督教與伊斯蘭教的衝突和內戰，生靈流離失所，血液裡流著祖先腓尼基人擅長航海經商的基因，一批批前仆後繼流向非洲或世界各地。因此，它的旅外人口比居住本國的還多，海外黎僑的生產毛額也比本國多出甚多。

因這個歷史淵源，約上萬的黎巴嫩人落地生根西非，他們有些是土生土長，自祖父移民來到了現在的第三代。還有新移民者在家鄉覓職困難，千里迢迢受僱於此。黎僑在西非，如華僑在東南亞、或是印僑在東非，執當地經濟之牛耳。

我彷彿看見一葉葉扁舟在汪洋大海中搖晃前進。無止盡的航行漂呀漂呀，最後靠岸了，沉重的錨拋下，繩索綁牢了，在炎熱的西非沿岸各國。從此，他鄉即是故鄉。

她是眾帆之一，她先生因病早早撒手人寰。從此，小舟在風雨飄搖中前進，她堅信阿拉會垂憐於她，為了鍾愛的兒子，一反伊斯蘭教婦女不輕易拋頭露面的傳統，出門工作，只為孩子快快長大。

奈及利亞長期來去，與眾多的黎僑相遇，培養出相知相惜之情。因為，我的故鄉，一個窮鄉僻壤的小島，家家戶戶都有祖輩親人下南洋討生活，俗稱所謂的「落番」。而我，十八歲離開家鄉，從高雄港十三號碼頭登陸，是落番的後代。我與他們，在地球的一端，天涯海角相遇，同為生計流汗，豈不也是另類的落番？

她，是一首落番的悲歌，正如我的祖父去了南洋，斷絃中止，從此不歸，父親一輩子沒喊過爹親的痛。她離鄉背井，活路找到了，溫飽了，但是，摯愛走了。面對生命磨難，她毫無選擇的一種姿態，不願被打倒，繼續活下去，表示對現實環境的不屈服。而我承襲著祖父的基因，不斷地旅行，遠至非洲。異鄉，是我們尋求生存的希望，翻滾人生的舞台。

啊！我們的故鄉，同在遠方。

我隱隱然領會，在生命的壯闊波瀾後，一個歸途，在遠方呼喚著。緩緩、迷離且依依，在若長似短的時光長河裡。一切就像夜晚滿天的星斗，天明前獨留幾顆，與她眼眸中的一抹哀傷，靜靜對看。

【後記】

非洲，是逗點不是句點

洪玉芬

年初疫情未減緩，非洲客戶頻頻催促，儘速派技師前往安裝機器。自去年因疫情被困在島嶼，哪兒都不能去，相對台灣像一片安樂土，令人沉浸。如夢初醒，面對工作很少說不，何況熟稔的老客戶，一下間陷入天人交戰。如果可能，我情願代征，以解技師一家老小為他出遠門的憂慮。

非洲，似遠若近，它一直盤旋我心中。否則，自拒絕了客戶的請託，我怎像害病似的難受了幾日，所以它不遠。

書寫非洲，以為隔層薄紙油墨，或是電腦畫面，距離拉開了，下筆時避免個人過多的情緒。但是，千迴萬轉的思緒，深吸一口氣，如何轉換成鼓舞人心的文字，這個目標，忽前忽後，急得我滿頭大汗追趕。直到今日，技師的問題浮出檯面，喟然一嘆，我終是乏力、無法脫離滿是油煙的現實面，自欺欺人，以為非洲離我很遠、很遠。

曾經，信誓旦旦地自我期許，寫一本關於非洲的專書。寫著寫著，浮光掠影般的文字，就像我的非洲行旅，倉皇去、急急回。幸蒙《人間福報》副刊主編覺涵師父之不棄，邀我開闢「非洲奇緣」專欄，這個邀約不啻有知遇之感，更深的感覺是，終於有人看見了非洲，這塊偏僻卻多彩的土地。於是珍惜著每晚或假日餘暇，兢兢業業地伏案，梳理文字。

我想，如果寫一本非洲國貿教戰手冊，應較受市場歡迎，為何我執拗如此，如飛蛾撲火、痴痴若狂，獨鍾情於書市冷清的文學書寫？很多人誇我勇敢，能夠隻身闖蕩非洲多年。我無法解釋，勇敢與膽識，非一朝一夕練成。殊不知旅途上隨身的文學書，總是在孤伶伶、進退失據時，源源不絕地供應我強大的能量。

文學，一直餵養我行走非洲的能耐，相同的我也想以赤誠之心回報。

書名——《馬背上的舞步》取於書內其中之一的篇名。其文是描述一場化不可能的交易為可能之硬仗，精神與意志的考驗之極致，於我個人深具啟示意義。副標——「非洲奇緣」，取名之初，來自好朋友們的推薦、票選。全書承載著無數次的非洲行旅，飽滿的情感，耙梳不同國度裡的風土人文故事。人生旅程，有高有低，正如我騎馬於沙漠地，盡是崎嶇不平，或上或下，莫不是順應馬蹄的節拍，隨之頓挫或前進。人生領悟，取之於這種無意中的經驗，以文字撫慰自己，若有幸能兼及他人。

孩子很小的時候，詫異媽媽為什麼老去字尾有個「亞」的國家，而這些國家大多在非洲。許多年過去，孩子長大了，可以代替媽媽去非洲工作。對非洲始終有不變的情懷，又愛又恨。愛戀在於莫名，它是窮鄉僻壤，充沛的人情溫暖，艱辛的生活環境，提煉出人的強韌，這些熟悉的氛圍如我成長年代的島鄉，常讓人產生一種感覺——離家又像回到了家。憎恨在於不公義，肉弱強食的社會，光怪陸離、無奇不有。種種光明面或陰暗面，叫人如何不書寫？

非洲，它是我長期的工作重心，簡言之，我一直在非洲的路上，路途中的奇遇，故事與人，都是進行式，從沒結束。曾有一些刻骨銘心的記憶，例如，深夜裡電腦前，工作至渾然忘我的境界，眼睛彷彿走進電腦螢幕裡，與它合而為一。或是旅途行進間，飲食不方便時，總渴望食物化做時空膠囊，吞下就永保不餓。面對困境時，心，一點也不以為苦，倒像剝洋蔥剝至心靈最底處，一種面對自我痛快淋漓的感覺。

非洲，世界面積第二大洲，同時也是人口第二大洲。五十四國中，因歷史殖民地的背景，非英即法，少數隸屬葡萄牙。因此之故，其文化風俗習慣，受其母國歐化影響甚深。就我個人認知裡，非洲資源豐富、人文特殊，各有其區域特色。例如：地中海沿岸的北非諸國，如埃及、突尼西亞、阿爾及利亞、利比亞、摩洛哥等諸國阿拉伯伊斯蘭教色彩濃，自成一區。東非蘇丹以下，烏干達、肯亞、坦尚比亞，這三國是野生動物的家鄉，且位於東非大裂谷上，自是唇齒相依。

撒哈拉以南，大西洋沿岸的西非，共十六國，是我經常旅行之地，在這本書篇幅占最多。從台灣到西非，路程遙遠，早期的飛航，天遙地遠，取道西歐各大城市，再飛越撒哈拉沙漠上空；到現在經由波斯灣阿聯酋大公國的杜拜，或多哈（Doha）的卡達等大城，縮短了航程。一次次的飛行，三十年來從青絲到白髮，我選了一條人跡稀少的路行走，這路卻以另類的風景，回饋我很多的故事。

黑暗的長程飛行機艙裡，在經貿界打過無數翻滾的Q，率直的邀約，來吧。中小企業者赤手空拳一只皮箱行遍天下，寓言於筷子一把，集合便折不斷。回台後，以公司名義加入了「非洲經貿協會」。很多年過去了，因緣際會與許多人相遇，眾多產業界志同道合的朋友，我們努力把協會招牌擦亮，如掘井愈掘愈深，攜手為台灣與非洲國家經貿流汗、奔波。

除此，還有一群異鄉久了，他鄉變故鄉的台商。他們為非洲這塊土地流下很多汗，聽他們在非洲奮鬥的過程，非是欽佩簡單的兩字可形容。聽其言觀其行，相較於其他族群外來移民者，台商多了一份人道與人文素養。

人生至此，把工作、文字、家庭等抽離，我如行屍走肉、等同沒有靈魂的人。相對的，這本書已完成，我自是該雀躍萬分，隱隱然還是有一股不安之心，直覺我的書寫，諸多的不周全。無論我努力地寫，都寫不完。所以非洲對我而言，它只是一個逗點，不是句點。

這本書能付梓，感謝文壇重量級的作家，也是我欽佩的文學書寫老師：林文義、吳鈞堯和郝譽翔三位前輩為我發文寫推薦序，增添光彩。他們不斷地鼓勵我，讓我感覺餘生值得一直寫下去。同時要感謝聯合文學出版社總編輯周昭翡小姐與蕭仁豪主編。封面繪圖則要感謝前金門文化局長呂坤和教授，以及書法題字李綿鎮先生，還有《金門文藝》

編輯陳妙玲鉅細靡遺的校對，他們的不吝貢獻，讓這本書更豐富。

最後，我想告訴天上我的好朋友——顧德莎，我的新書出版了。我有聽妳的話，一直寫、一直寫，寫好看的書。

本書發表注記：

輯一　生命山水

沙海築殼	二〇二〇年十一月二十七日	《人間福報》副刊
雨季的沙漠	二〇一九年一月二十一日	《人間福報》副刊
一滴清淚	二〇二〇年六月二十六日	《人間福報》副刊
馬背上的舞步	二〇二〇年三月十日	《自由時報》副刊
飛行的鷗鳥	二〇一八年七月八日	《自由時報》副刊
烈日下的椰棗樹	二〇二〇年四月二十四日	《人間福報》副刊
送行	二〇一九年八月十五日	《中國時報》人間副刊
她名叫 Madame	二〇二〇年七月二十四日	《人間福報》副刊
夜半折返的拉哥斯	二〇一八年九月二十日	《人間福報》副刊
強大的心	二〇一八年秋季號	《金門文藝》六六期
Bon Soir！撒哈拉！	二〇一五年春季號	《金門文藝》五九期

輯二　海角天涯

雨，傾下奈及利亞北漠　二〇一九年二月　《印刻文學雜誌》

入味三種　二〇一八年春季號　《金門文藝》六五期

突尼斯的秋光　二〇一七年秋季號　《金門文藝》六四期

奧羅莫的一絲悲傷　二〇二〇年一月十五日　《人間福報》副刊

我的夢遺落在摩洛哥　二〇一九年一月二十日　《自由時報》副刊

剛果河緩緩地流　二〇二〇年八月二十八日　《人間福報》副刊

美麗的邂逅——肯亞 Safari　二〇一五年六月二十九日　《金門日報》副刊

雕像走出的女人　二〇一八年八月二日　《人間福報》副刊

高原的國度——衣索比亞　二〇二〇年春季號　《金門文藝》六九期

安哥拉的白日與黑夜　二〇二〇年十二月二十五日　《人間福報》副刊

輯三　沙海跫音

女人風情畫　二〇一五年三月五日　《金門日報》副刊

我選了一條人跡稀少的路行走　二〇二一年三月二十六日　《人間福報》副刊

走過伊波拉的陰影	二〇一四年九月六日	《金門日報》副刊
夢境	二〇二〇年五月二十二日	《人間福報》副刊
阿迪斯阿巴巴機場驚魂記	二〇二〇年十月二十三日	《人間福報》副刊
愛是，心裡常住他人	二〇一六年十一月二十一日	《金門日報》副刊
一樣旅程　兩種際遇	二〇二一年二月二十六日	《人間福報》副刊
一汪尼羅河流向海	二〇二一年一月二十二日	《人間福報》副刊
殘缺的星移	二〇二〇年九月二十五日	《人間福報》副刊

人文。
030

馬背上的舞步

國家圖書館出版品預行編目（CIP）資料

馬背上的舞步 / 洪玉芬著 . -- 初版 . -- 臺北市 :
聯合文學出版社股份有限公司 , 2021.04
224 面 ; 14.8x21 公分 . --（人文 ; 30）

ISBN 978-986-323-380-0(平裝)

1. 遊記 2. 旅遊文學 3. 非洲

760.9　　110005308

出版日期／2021 年 4 月　初版
定　　價／300 元

ISBN　978-986-323-380-0（平裝）
本書如有缺頁、破損、裝幀錯誤，請寄回調換

作　　者／洪玉芬
發 行 人／張寶琴

總 編 輯／周昭翡
主　　編／蕭仁豪
資深編輯／尹蓓芳
編　　輯／林劭璜
資深美編／戴榮芝
業務部總經理／李文吉
行銷企劃／林孟璇
發行專員／簡聖峰
財 務 部／趙玉瑩　韋秀英
人事行政組／李懷瑩
版權管理／蕭仁豪

法律顧問／理律法律事務所 陳長文律師、蔣大中律師
出 版 者／聯合文學出版社股份有限公司
地　　址／110 臺北市基隆路一段 178 號 10 樓
電　　話／(02) 2766-6759 轉 5107
傳　　真／(02) 2756-7914
郵撥帳號／17623526 聯合文學出版社股份有限公司
登 記 證／行政院新聞局局版臺業字第 6109 號
網　　址／http://unitas.udngroup.com.tw
E—mail：unitas@udngroup.com.tw
印 刷 廠／沐春行銷創意有限公司
總 經 銷／聯合發行股份有限公司
地　　址／234 新北市新店區寶橋路 235 巷 6 弄 6 號 2 樓
電　　話／(02) 29178022